Klaus Beckmann

Treue.Bürgermut.Ungehorsam.

Anstöße zur Führungskultur
und zum beruflichen Selbstverständnis
in der Bundeswehr

Standpunkte und Orientierungen: Band 7
Herausgegeben von Uwe Hartmann

Treue. Bürgermut. Ungehorsam.

Anstöße zur Führungskultur
und zum beruflichen Selbstverständnis
in der Bundeswehr

Klaus Beckmann

2015

Carola Hartmann Miles-Verlag

Bibliografische Information der Deutschen Nationalbibliothek
Die Deutsche Nationalbibliothek verzeichnet diese Publikation in der Deutschen Nationalbibliografie; detaillierte bibliografische Daten sind im Internet über www.dnb.de abrufbar.

© 2015 Carola Hartmann Miles-Verlag

www.miles-verlag.jimdo.com

email: miles-verlag@t-online.de

Herstellung: Books on Demand, Norderstedt

Printed in Germany

ISBN 978-3-945861-21-9

Vorwort

Wer führen soll und will, muss wissen, wohin und wozu. Wer geführt wird, sollte sich genau danach erkundigen. Und niemals wieder darf „Ich wurde geführt" Ausrede sein. Als Seelsorger bei der Bundeswehr lerne ich faszinierende Menschen kennen. Aber ich erlebe auch manch Fragwürdiges, das mich als Christ und als Bürger zu interessieren hat. So sollen diese Seiten Anstöße geben. Letzte, abgewogene Einsichten bieten sie keine.

Ich danke allen, die sich in den vergangenen Monaten mit mir über Fragen militärischer Führungskultur auseinandergesetzt haben, und dem Verlag für die Einladung, dieses persönlich gefärbte Büchlein zu schreiben. Im Namen der evangelischen Militärseelsorge als Institution spreche ich nicht.

Der verfemte Maler in Siegfried Lenz' „Deutschstunde" weiß über seine Zeitgenossen: „Gift mögen sie nicht. Aber ein bisschen Gift ist nötig – zur Klarheit." Daran fehlt es auch hier nicht, hoffe ich.

Mayen, im Herbst 2015

Klaus Beckmann

I. „Staatsbürger in Uniform“: Revolutionär und doch uralt

Der preußische Gehorsam ist der einer freien Entscheidung, nicht der einer unterwürfigen Dienstwilligkeit. So stand es am Portal der Kadettenanstalt zu Berlin-Groß Lichterfelde.[1] Freie Entscheidung contra Unterwürfigkeit: Offensichtlich geht der Beruf des Soldaten im Prinzip „Befehl und Gehorsam“ nicht einfach auf. Zu dem Mut, den soldatischer Dienst in besonderem Maß erfordert, gehört die eigene *Verantwortung.* Befehlen zu gehorchen, kann Ausdruck von Feigheit sein – wie es hohe Offiziere der Deutschen Wehrmacht offenbarten, indem sie ihnen unterstellte Truppen und unser ganzes Land sehenden Auges gehorsam ins Verderben führten. Ein guter Soldat, Offizier zumal, weiß, wann er *nicht* zu gehorchen hat; auch diese Einsicht ist beste preußische Tradition, kennen „friderizianische und wilhelminische Zeit“ doch „viele Beispiele soldatischer Zivilcourage gegen königliche Feldherren und deren politische und militärische Autorität“.[2]

In den biblischen Erzählungen kommen Soldaten nicht als Gehorsamsmaschinen, sondern als

---

[1] Zitiert nach: Siegfried F. Storbeck, Die Grenzen des Gehorsams, in: Die Welt vom 23. 11. 2009.

[2] Vgl. ebd. – Die Bundeswehr hat jedem Soldaten die Pflicht zur Prüfung auferlegt, ob ein Befehl kriminell oder inhuman ist. Das Soldatengesetz von 1956 formuliert in § 11: „Ungehorsam liegt nicht vor, wenn ein Befehl nicht befolgt wird, der die Menschenwürde verletzt. [...] Ein Befehl darf nicht befolgt werden, wenn dadurch eine Straftat begangen würde.“

8

eigentümliche Charaktere vor, von den schrägen Helden des Richterbuchs bis zum römischen Hauptmann in Kapernaum (Matthäus 8,5-13) und dem dienstgradgleichen ersten Zeugen der Gottessohnschaft Jesu auf Golgatha (Matthäus 27,54). Die Weltliteratur schildert Soldaten vielfältig als Wesen mit Ecken und Kanten.

Einen nicht zu unterschätzenden Einschnitt in der Kulturgeschichte des Soldatischen bringt die *Französische Revolution* mit der neuzeitlichen Wiederentdeckung einer *allgemeinen Wehrpflicht*. Fortan war Soldat keine separate Sparte mehr, sondern natürliche Funktion des souverän gewordenen Staatsbürgers. Nicht zuletzt setzte dies eine sozialrevolutionäre Marke, denn nun sollte *jeder* Bürger sein Land verteidigen – nicht mehr nur der arme Schlucker, der kein anderweitiges Auskommen fand.

Dass Deutsche sich nach den militaristischen Orgien des letzten Jahrhunderts mit Soldaten- und Heldentum schwer tun, darf nicht befremden. Es wäre schlimm, würden Militäreinsätze bei uns kritiklos bejubelt; letztlich hätten gerade die ausführenden Soldaten darunter mehr zu leiden als unter jeder noch so überzogenen Kritik.[3] Gleichwohl ist

---

[3] Es irritiert daher, wenn ein junger Leutnant beklagt, „während in den autokratischen und totalitären Vorläufern der Bundesrepublik noch der militärische Sieg" allgemein gewünschtes oberstes Ziel gewesen sei, habe sich in der „postheroischen Gesellschaft" der Fokus auf die Vermeidung von Gefallenen verschoben. Unter „postheroischen" Prämissen liege der praktische Schwerpunkt auf der Verbesserung von Schutzausrüstung und sanitätsdienstlicher Versorgung, wo-

die Bundeswehr seit dem Ende des Kalten Krieges, den Auslandseinsätzen und der Aussetzung der Wehrpflicht aufs Neue gefordert, ihre Identität zu bestimmen und den in ihr dienenden Menschen den Sinn des Dienstes begreiflich zu machen.

Ich möchte in diesem Horizont ein – leider nicht überall offene Türen einrennendes – Plädoyer halten für den „Staatsbürger in Uniform", für *den* Soldaten, der jeden Morgen zu Dienstbeginn und auch noch zu Dienstende aufrichtig sagen kann: Ich weiß, wofür ich diene, dieser Beruf ist *mein* Beruf! Genau das verlangt das vom Christentum geprägte Menschenbild des Grundgesetzes: Dass je-

---

hingegen totalitäre Systeme die „Steigerung der Kampfkraft" priorisierten. Die bei uns rückläufige Toleranz von „Eigenverlusten" beschädige die Kampfmoral der Truppe. Ursächlich seien teils eine „grundsätzlich dekadente Haltung", teils „Misstrauen gegenüber öffentlichem Altruismus". Das Fehlen einer ethisch sensiblen Öffentlichkeit „beim Gegner" wird als dessen Vorteil gewertet, was wiederum dazu führt, in der „postheroische(n) Gesellschaft keine wirklich zufriedenstellende Motivation für den Soldaten" zu finden (vgl. Jan-Philipp Birkhoff, Führen trotz Auftrag. Zur Rolle des militärischen Führers in der postheroischen Gesellschaft, in: Marcel Bohnert, Lukas J. Reitstetter (Hgg.), Armee im Aufbruch. Zur Gedankenwelt junger Offiziere in den Kampftruppen der Bundeswehr, Berlin 2014, S. 105-128, hier: 108-114). Liefert die unterschiedliche Wertschätzung des Menschenlebens in Demokratie und Diktatur aber nicht gerade das stärkste Argument, unsere „postheroische" Ordnung zu verteidigen? Ist es nicht motivierender, unter persönlichem Risiko für eine Gemeinschaft einzutreten, wenn diese jedes individuelle Leben bestmöglich geschützt sehen möchte, also die vom Soldaten gezeigte Treue in optimaler Fürsorge erwidert?

10

der Einzelne sich des Nachdenkens wert achtet, die Rolle des bloß ausführenden Organs verweigert und das lebt, was wir als Grundlage unserer Ordnung vertreten.

Das *Grundgesetz* ist für mich Grund genug, dieses Gemeinwesen verteidigenswert zu finden. Jede Tagesschau erinnert daran, dass die Grundwerte alles andere sind als selbstverständlich, dass es nötig ist, Freiheit zu schützen und sie, wenn möglich, in bescheidenen Schritten auch auszubreiten auf diesem Planeten. So verstehe ich die Armee, deren Angehörige ich als Seelsorger begleite, radikal *bürgerschaftlich*. Damit weiß ich mich in einer illustren Linie seit spätestens Clausewitz, für den soldatische Identität primär in „Geistigkeit, vereint mit Charakter und Seelenstärke", nicht aber in kriegerischem Fachidiotentum oder gar Servilität bestand.[4] Freilich bleiben Kontroversen nicht aus, denn die Bindung des Militärischen an die Grundwerte der Gesellschaft wird immer wieder in Frage gestellt. Etwa, indem ein junger Offizier der Demokratie die Fähigkeit zu klarer und konsequenter Entscheidung abspricht – gegen jede historische Erfahrung übrigens![5] Oder indem die Rolle der unabhängigen Me-

---

[4] Vgl. Storbeck, aaO.

[5] Vgl. Birkhoff, aaO, S. 118. – Im „Wettbewerb" zwischen Diktatur und Demokratie gilt insgesamt, was der in Boston lehrende Ökonom Daron Acemoğlu (Demokratien nützen der Wirtschaft, in: Die Zeit 34/2015) kürzlich auf den Punkt brachte: „Ein autoritäres Regime kann sehr schnell Entscheidungen durchdrücken", in offenen Gesellschaften aber „werden bessere Entscheidungen getroffen".

dien bei Soldaten nur im Feindbildmodus wahrgenommen wird, wobei selbst unter höherem Führungspersonal „Latrinenparolen" über vermeintlich linksextremen Journalistenklüngel kursieren.[6]

Fraglos haben politische und hohe militärische Verantwortliche in den letzten Jahren dazu beigetragen, die Innere Führung wie *hohle Theorie* aussehen zu lassen. Ich selbst musste als Seelsorger in Afghanistan zwiespältige Erfahrungen machen, wenn Soldaten sich über Zielsetzung und Erfolg der gefährlichen Mission nicht ehrlich aufgeklärt fühlten. Die Realität im Einsatzland wurde von offizieller Seite zuweilen spürbar beschönigt. Reflektiertes Handeln aus Einsicht, in der Dienstvorschrift zur Verhaltensmaxime erhoben, blieb Soldaten so faktisch verwehrt. Und die mediale Aufregung um Ausstattungs- und Beschaffungsskandale stellt die Führungskultur in ein grelles Licht. Dass „Menschen, die aufklären wollen, gedeckelt" werden, habe ich mehr als einmal miterlebt oder berichtet bekommen.[7] Keinem Soldaten ist zu verübeln, wenn er sich da als „Verwendeter" empfindet, innere Fluchtreflexe verspürt und so stark an den Grundlagen des „Staatsbürger in Uniform" zweifelt, dass er die Innere Führung schlichtweg zum lebensfremden Konstrukt erklärt.

---

[6] Vgl. Rainer Blasius, Unterst sprach zum Oberst…, in: FAZ vom 21. 7. 2015.

[7] Zitat aus einem Kommentar der FAZ vom 2. 4. 2015 zum G36-Ausstattungsskandal.

Zum Unwohl-Sein, das dem Soldaten angesichts vieler Missstände wohl ansteht, sollte aber die Entschlossenheit treten, gegebene Möglichkeiten der *Partizipation* energisch zu nutzen, also Fragen offen zu stellen, Veränderungen vorzuschlagen und einzufordern. Das unterscheidet den Bürger in Uniform vom vor sich hinnörgelnden Befehlsempfänger. Schließlich bewahrheitet sich alltäglich Heraklits Aussage, dass, wenn nicht der „Krieg", so der sachbezogene *Streit* „Vater aller Dinge", will sagen: Motor konstruktiver Veränderung ist. Schlafmützig-feiges Hinnehmen birgt kein Gestaltungspotenzial. Als Militärpfarrer kenne ich nur zu gut die Diskrepanz zwischen unverbindlichem Klagen auf dem Sofa des Seelsorgers und der Scheu, am hierarchisch passenden Ort Kritik vorzubringen und damit, unter dem Risiko persönlichen Einsatzes, Veränderung anzustoßen. Selbst mancher Stabsoffizier lamentiert, Kritik gefährde die Karriere – und richtet sich in gelebtem Opportunismus danach. Hier setzt das schlechte Beispiel die Norm.[8]

Die Innere Führung war der bewusste Versuch, nach der moralischen Katastrophe der NS-Zeit eine deutsche Militärdoktrin zu schaffen, die *zivilisatorischen Normen* genügte. Nie wieder sollte zerstöre-

---

[8] Ich wurde Zeuge des bizarren Vorgangs, dass ein einsatzerfahrener Hauptfeldwebel, der in Afghanistan sicherheitsrelevante Schwachstellen konstruktiv benannt hatte – was letztlich zu deren Behebung beitrug –, wegen seines Nicht-Beschweigens des doch Offensichtlichen durch einen Stabsoffizier der Ängstlichkeit geziehen wurde.

risch exzessiv „gehorcht" werden. Man schlug einerseits „einen Bogen zu den Anliegen der preußischen Militärreformer um Scharnhorst" und suchte zugleich – sachlich dazu stringent – den „radikalen Bruch mit der unsäglichen deutschen Militärtradition".[9] Das wichtigste Stichwort musste *„Gewissen"* heißen, gleichrangig damit *„Soldatenpersönlichkeit"*. Rechtlich unterbunden wurde der „Befehlsnotstand". Situationen, in denen Desertion die ethisch beste Entscheidung ist, weil ein unbedingt bindender Befehl das Gewissen vergewaltigt, sollte es nicht wieder geben können. Generaloberst Ludwig Beck, Chef des Generalstabs des Heeres und einer der zentralen Akteure des 20. Juli 1944, hatte bereits im Sommer 1938 erkannt:

„Die Geschichte wird diese Führer [der Wehrmacht] mit einer Blutschuld belasten, wenn sie nicht nach ihrem fachlichen und staatspolitischen Wissen und Gewissen handeln. Ihr soldatischer Gehorsam hat dort eine Grenze, wo ihr Wissen, ihr Gewissen und ihre Verantwortung die Ausführung eines Befehls verbieten."[10]

Ihm waren selbst unter jenen, die zu entsprechender Einsicht gelangten, im Handeln die Aller-

---

[9] Vgl. Elmar Wiesendahl, Die Bundeswehr auf dem Weg nach Sparta, in: Vorgänge. Zeitschrift für Bürgerrechte und Gesellschaftspolitik, Heft 1/2011, S. 14-26, hier: 15.

[10] Zitiert nach: Christian Tomuschat, Das Recht des Widerstands nach staatlichem Recht und Völkerrecht, in: Horst Albach (Hg.), Über die Pflicht zum Ungehorsam gegenüber dem Staat, Göttingen 2007, S. 60-95, hier: 72f Anm. 19.

wenigsten gefolgt – und sich als „Gefangener meiner Befehle“ zu bekennen, war und ist für einen hohen militärischen Führer nun einmal persönliches Armutszeugnis.[11]

Als ausgearbeitetes Regelsystem ist die Innere Führung ein deutsches Spezifikum. Dennoch findet sie sich geistig im „Westen“ beheimatet. Will sie doch für die Bundeswehr das an *Bürgersinn* nachholen, was in der politischen Kultur anderer Länder von vornherein verankert war. Man vergegenwärtige sich nur die identitätsstiftende Bedeutung der Magna Carta, der Bill of Rights oder der Revolutionen in Nordamerika und Frankreich für die westlichen Gesellschaften. Das beim Neuanfang nach 1945 gewollte künftige deutsche Militär sollte ins Gesamtgefüge der Demokratie passen. So entspricht der Ansatz der Inneren Führung recht präzise dem, was der jüdische Philosoph Martin Buber betont anti-hierarchisch als *wahre Gemeinschaft* beschrieben hat; diese sei davon bestimmt, dass „sie

---

[11] Der im Zweiten Weltkrieg als Unteroffizier dienende Pfarrer Heinz Wilhelmy schildert die Begegnung mit einem General, der sich im diskreten Gespräch über Gräueltaten der SS im Rücken der Front empörte, doch keine Alternative sah zur Fortsetzung seiner militärischen Zuarbeit (vgl. Heinz Wilhelmy, Aus meinem Leben, Speyer 1996, S. 41). – Um der Rückfrage zuvor zu kommen: Nein, ich weiß nicht, wie mutig ich damals gewesen wäre. Doch bin ich überzeugt, dass heute das Eintreten für den „Staatsbürger in Uniform“ und gegen ein Soldatenbild, das die persönliche Gewissensverantwortung dispensiert, die richtige, vielmehr: zwingende Lehre aus der Vergangenheit ist.

alle zu einer lebendigen Mitte in lebendig gegenseitiger Beziehung stehen und dass sie untereinander in lebendig gegenseitiger Beziehung stehen".[12] *Lebendige Mitte* der Bundeswehr lässt sich die demokratische Grundordnung mit ihrem freiheitlichen *Menschenbild* nennen, die lebendig gegenseitige Beziehung untereinander besteht in der Entschlossenheit, diese Ordnung zu verteidigen. Der Bundeswehrsoldat ist der offiziellen Führungsphilosophie nach „politisch gestimmter, demokratisch überzeugter Wehrbürger".[13] Statt in Befehlsunterstellung und „Disziplin" soll die Ordnung der Bundeswehr in *demokratischer Partizipation* gründen. Adolf Graf Kielmansegg, einer der konzeptionellen Urheber der Inneren Führung, brachte die Absicht der Verknüpfung von Gesellschaft und Armee unter der Prämisse der Demokratie 1953 so zur Sprache: „[…] es muss auch geben eine Armee in der Demokratie, das ist entscheidend wichtig. Denn sonst haben wir, und wir kennen beides, eine Armee neben oder gegen die Demokratie. Und es muss auch, im Sinne des Gesagten, geben: Demokratie in der Armee."[14] Wie er setzten die „bürger-

---

[12] Vgl. Martin Buber, Ich und Du (1923), Heidelberg 1983, S. 43.

[13] Vgl. Wiesendahl, aaO, S. 16.

[14] Zitiert nach: Jürgen Rose, „Jeder Offizier, der seine Dienstgewalt missbraucht, ist vor der Front zu degradieren!" Kurt Tucholsky und die „Innere Führung" – revolutionäre Ideen zur Militärreform, in: Schriftsteller und Revolution. Dokumentation der Jahrestagung 2013 (Schriftenreihe der Kurt

schaftlich" denkenden Väter der Bundeswehr „auf die Sozialisationswirkung des täglichen Dienstes in einer Armee demokratischen Geistes und Verhaltens."[15]

Der häufig vorgebrachte Einwand, andere westliche Armeen seien in der soldatischen Erziehung „traditioneller", ignoriert, dass dort der in die Armee eintretende Soldat traditionell weniger Untertanengeist mitbrachte. In der deutschen Gesellschaft war hingegen – gipfelnd im Nationalsozialismus, doch lange zuvor angelegt – das „Soldatische" geradezu Norm des Bürgerlichen geworden: Ein Bürgersinn, der dem Soldatischen politische und humane Schranken setzte, existierte in der Erfahrungswelt der Gründerväter der Bundeswehr kaum als gesellschaftliche Einflussgröße. Die im Ersten Weltkrieg offiziell propagierte und weithin akzeptierte Definition der „deutschen Freiheit", prominent durch den Theologen Ernst Troeltsch vorgetragen, hatte sich ausdrücklich von der westlichen Errungenschaft individueller Grundrechte abgesetzt. Idealisiert wurde ein „Staatssozialismus": Freiheit hafte weniger am Einzelnen als am „Leben des Volksganzen"; das „Du bist nichts, dein Volk ist alles!" der Nazis warf seinen Schatten voraus. Die Deutschen seien, so Troeltsch 1914, „ein monarchisches Volk, dem ohne starke Führung weder

---

Tucholsky-Gesellschaft), Heidelberg 2014, S. 185-224, hier: 212.

[15] Martin Kutz, Deutsche Soldaten. Eine Kultur- und Mentalitätsgeschichte, Darmstadt 2006, S. 161.

die Reichsgründung noch der Aufstieg zum Industriestaat gelungen wäre", ebenso „ein militärisches Volk". Auch sei das deutsche Volk „arbeitsam" und ein „pflichtbewusstes Volk, das mit einem strengen ‚Einordnungssinn' ausgestattet sei".[16] Gemessen an der Grundidee der allgemeinen Wehrpflicht aus der Französischen Revolution standen die Verhältnisse in Deutschland regelrecht auf dem Kopf: Nicht der souveräne Bürger, aus politischer Verantwortung Soldat, bestimmte das Klima, sondern „soldatischer Einordnungssinn" verdrängte bürgerlich-kritische Haltungen aus der Gesellschaft. Hier hatte nicht allein „der Soldat mit dem Bürger nichts gemein", sondern der Staatsbürger als solcher ließ die emanzipatorischen Merkmale des Bürgers vermissen.[17]

Große Probleme hat die Bundeswehr, jene Elemente der deutschen Militärgeschichte zu benennen, die die eigene *Tradition* umreißen. Naheliegen-

---

[16] Vgl. Herfried Münkler, Der große Krieg. Die Welt 1914-1918, Berlin 2013, S. 262f.

[17] Vgl. Rose, aaO, S. 190. – Aharon Appelfeld veranschaulicht in dem autobiografisch getönten Roman „Auf der Lichtung" (dt. Berlin 2014) die *Auslöschung der ethischen Persönlichkeit* in der traditionell-repressiven deutschen Pädagogik, indem er die Begegnung jüdischer Partisanen mit einem tödlich verwundeten Offizier der SS-Einsatzgruppen schildert. Der sterbende junge Deutsche äußert den letzten Willen, seinen Eltern mitzuteilen, „dass ich meinem Eid treu war, bis zur letzten Minute meines Lebens". Aus dem Munde des Partisanenführers hört er dafür nicht etwa das Urteil, ein Schwerstverbrecher zu sein – was persönliche Involvierung voraussetzte –, sondern „keinen Charakter" zu haben (S. 228).

der Weise das größte Problem bereitet dabei die *Wehrmacht*, deren ethische Abwege sich indes lange schon aufgetan hatten.

Bestimmt teilt heute nur eine Minderheit die Ansicht, die Wehrmacht als Ganze solle als „traditionsfähig" gelten.[18] Diese Meinung stellt Stauffenberg und Remer auf eine traditionspolitische und moralische Stufe. Nach meiner Überzeugung ist die kritische, also: auswählende Anwendung des Normenkatalogs des Grundgesetzes auf die Wehrmacht sehr wohl möglich – im Gegensatz zu einer Darstellung, die alles egal grau sein lässt und in der „Werteordnung des Grundgesetzes" eine Sackgasse soldatischen Selbstverständnisses und „Sterilisation der Tradition im Wortsinne des Unfruchtbarmachens" sehen möchte.[19] Fruchtbar anknüpfen kann die Bundeswehr bei denjenigen, die als Wehrmachtssoldaten *dennoch* der Humanität dienten: Die Verfolgten im In- und Ausland halfen, mörderische Befehle hintertrieben, Gegner des Regimes deckten, bürokratische Spielregeln bis zur Grenze der Sabotage ausdehnten, Kameradschaft praktizierten, ohne damit NS-Kriegsziele zu unterstützen. Für mutiges Verhalten in der Wehrmacht gibt es vielfäl-

---

[18] Vgl. Stefan Gerber, Selbstblockaden, in: Martin Böcker / Larsen Kempf / Felix Springer (Hgg.), Soldatentum. Auf der Suche nach Identität und Berufung der Bundeswehr heute, München 2013, S. 41-61, hier: 58.
[19] Vgl. ebd.

tige Zeugnisse, die der Bundeswehr Beachtung wert sein sollten.[20]

Als Beispiel nenne ich den Pfarrer und Nazigegner Heinz Wilhelmy, der bis 1939 von seiner „deutsch-christlichen" Kirchenleitung und einer Meute aus Spitzeln und Zuträgern zielstrebig um die berufliche Existenz gebracht worden war, in der Wehrmacht aber unbehelligt blieb: „Ich konnte mit meinen Kameraden offen reden, ohne zu befürchten, dass ich hinterrücks angezeigt würde! Sie wussten nämlich, wie ich über das ‚Dritte Reich' dachte."[21] Und nicht ohne Grund wurde „Lili Marleen", durch Goebbels 1942 verboten, damals weltweit gehört wie mitgesungen und heute jede Nacht auf Radio Andernach gesendet, zum Symbol für Versöhnung, für internationale Kameradschaft.

Dass der Wehrmachtssoldat in toto aber der „deutsche Soldat im Einsatz" schlechthin sei,[22] be-

---

[20] Vgl. exemplarisch: Simon Malkès, Der Gerechte aus der Wehrmacht. Das Überleben der Familie Malkes in Wilna und die Suche nach Karl Plagge, Berlin 2014.

[21] Wilhelmy, aaO, S. 34. – Um kein zu optimistisches Bild der Wehrmacht entstehen zu lassen, soll ein weiterer, als Leutnant dienender Pfarrer mit seiner Fronterfahrung zu Wort kommen: „Der Höchste hier äußerte sich neulich im Ton des Vorwurfs, ich sei zu klug, man brauche Offiziere, die nur parieren. […] es gibt Menschen, die von der inneren Qual anderer leben, an ihnen wachsen, weil sie nur etwas sind, wenn das Innere und Höhere zu Boden getreten ist." (Siegbert Stehmann, Die Bitternis verschweigen wir. Feldpostbriefe 1940-1945, Hannover 1992, S. 306f)

[22] So Gerber, aaO, S. 58.

leidigt die Bundeswehrsoldaten pauschal, da es die seit den 1990er-Jahren geleisteten Einsätze mit dem Mord- und Raubkrieg des NS-Regimes moralisch gleichsetzt. Es konterkariert das Herzstück des geltenden Soldatenrechts, nämlich das Verbot, kriminelle oder die Menschenwürde verletzende Befehle auszuführen. Wer die Wehrmacht auf solche Weise für traditionsfähig erklärt, will eine andere Bundeswehr. „In Auschwitz durfte man nicht mitmachen": Dieses Zitat aus einer historisch beachtlichen Urteilsbegründung[23] gilt – ohne individuelle juristische Schuld zuweisen zu wollen – auch für alle, die den Zivilisationsbruch durch Befehlsgehorsam militärisch ermöglichten. „Unsere Tradition ist der Ungehorsam": So brachte es ein Hauptmann bei mir im Lebenskundlichen Unterricht auf den Punkt.

Das in der Inneren Führung geforderte „Handeln aus Einsicht" des uniformierten, bewaffneten Staatsbürgers vernichtet den *Nimbus* des großen militärischen Helden. Gestalten wie Rommel, Richthofen oder Hindenburg, deren Faszination auf historischer Unnahbarkeit beruhte – letztlich darauf, dass man nicht kritisch hinschaute –, konnte es fortan nicht mehr geben. Innere Führung ist im Ansatz *Diskussion und Hinterfragen.* Sie demokratisiert die Führungsverantwortung und nimmt jeden in die Pflicht. Wegschauen von Missständen ist

---

[23] Zitiert nach der FAZ vom 16. 7. 2015.

Verrat am Kameraden und an der Gemeinschaft: „Geschieht es irgendwo, geschieht es auch mir.“[24]

Die Innere Führung erlegt dem Militär *schmucklos-republikanische Rationalität* auf. Deshalb verlangt sie fachlich und charakterlich *starke Vorgesetzte*, die für Entscheidungen werben und sie gegen Anfragen verteidigen können. Ein kritischer junger Oberleutnant, bei den Panzergrenadieren sozialisiert, fasste es in die Formel: „Der Auftrag ist ein gruppendynamischer Prozess“, denn alle Beteiligten sollen mitgenommen werden. Innere Führung bedeutet nicht zuletzt: Es gibt Unterschiede in Funktion und Befugnis, nicht aber des Ranges im Sinne wertender Abstufung. Der Offizier muss seine hierarchische Stellung funktional rechtfertigen.

Im *Eid* wird der andere, republikanische Duktus am Unterschied zwischen dem „unbedingten Gehorsam“, der bei Wehrmacht und Nationaler Volksarmee versprochen wurde, und dem von Soldaten der Bundeswehr gelobten „treuen Dienen“ augenfällig. *Treue* als Prädikat des Dienstes setzt ein eigenverantwortliches Subjekt voraus. Im Gegensatz zum Gehorsam kann sie weder befohlen noch mit Strafandrohung durchgesetzt werden. Bedingung von Treue ist ein unterscheidungsfähiges und verantwortungsbereites Gewissen. Nicht ohne Grund erhält das biblische Volk Israel die Zehn Gebote am Sinai, nachdem es aus der ägyptischen Sklaverei befreit wurde. Ein Sklave braucht keine

---

[24] Stefan Heym, Kreuzfahrer – Der bittere Lorbeer. Roman, Berlin ²2005, S. 68.

ethischen Regeln, weil er selbst nichts verantwortet. Ethik benötigt der Freie: Nicht, um sich Regeln zu unterwerfen, sondern um an ihrem stets auslegungsbedürftigen Maßstab beherzt und verantwortungsbewusst zu leben. So lässt das Alte Testament eine freiheitliche Entwicklung des Rechtsdenkens beginnen und pflanzt – etwas verwegen formuliert – „die ersten Keime der Demokratie", indem der göttliche Gesetzgeber im Verlauf der biblisch erzählten Geschichte absolute Befehlsgewalt abgibt und „die Notwendigkeit erkennt, die an die Menschen gestellten Forderungen zu begründen".[25]

Gehorsam, mit Pression zu erzwingen, braucht keine gereifte Persönlichkeit und ist Ethik primitivster Stufe. Treue aber setzt die Möglichkeit voraus, sich auch gegen eine gehorsame Haltung zu entscheiden; im Extremfall der Wehrmacht konnte die Treue zu Recht und Vaterland die Gehorsamsverweigerung bedingen. Treue als persönliche, ethisch reife Haltung existiert überhaupt nur dort, wo Gehorsam „bedingt" ist. Während „Befehl und Gehorsam" nur in einer Richtung funktioniert, ist Treue stets *gegenseitig:* Zur Bereitschaft des Soldaten, notfalls sein Leben zu riskieren, muss die Entschlossenheit des Dienstherrn treten, Soldaten bestmöglich zu schützen und ihre Loyalität nicht zu missbrauchen. Im Treueeid unterwirft sich der Dienstherr somit auch selbst ethischen Standards.

---

[25] Vgl. Alan M. Dershowitz, Die Entstehung von Recht und Gesetz aus Mord und Totschlag, dt. Hamburg 2002, S. 11.

Unserem Kulturkreis ist die Kritik totaler Herrschaft keineswegs fremd; sie entspringt verschiedenen Quellen. Zum einen ist da die Erzähltradition des *Alten Testaments*, die dank der starken volkskirchlichen Bindungen früherer Jahrhunderte gerade in protestantischen Teilen Deutschlands populär wurde. Dort wird die Macht weltlicher Könige permanent im Namen des Gottesrechts eingeschränkt.[26] Das alte Israel ist sozusagen Urbild einer konstitutionellen Monarchie. Beim ersten Hinsehen überraschender scheint die andere, für unsere Tradition wichtige Quelle der Herrschaftskritik. Ich meine das *germanische Herkommen* bzw. das *deutsche Mittelalter*.

Fritz Bauer, der als hessischer Generalstaatsanwalt gegen Widerstände im Justizapparat den ersten Auschwitz-Prozess durchsetzte, bearbeitete in den 1960er-Jahren die deutsche Neigung zum Autoritären auch theoretisch. Beachtlich ist seine These, „dass sich die Deutschen – anders als die Engländer, Skandinavier und später die Amerikaner – vom germanischen Erbe gelöst hätten". Das Germanische sei durch Freiheit, Gleichberechtigung und

---

[26] Ein beredtes Beispiel gibt die Erzählung von Nabots Weinberg (1. Könige 21). Während es für die aus Syrophönizien, dem Gebiet des heutigen Libanon, stammende Königsgattin Isebel selbstverständlich ist, dass ein orientalischer König willkürlich über das Eigentum seiner Untertanen verfügt (Vers 7), achtet König Ahab zumindest anfangs die ihm im Sinne der Landestradition durch göttliches Recht auferlegte Beschränkung – die der Prophet Elia im Nachhinein wieder zur Geltung bringt.

24

Vorrang des Rechts vor persönlicher Gefolgschaft gekennzeichnet gewesen: „Das germanische Recht kannte keinen blinden und unbedingten Gehorsam, es kannte auch keinen unbedingt bindenden Eid. Der Eid verpflichtete nicht zur Treue gegenüber einem Menschen, sondern zur Treue gegenüber einem ewigen Recht, und erlosch automatisch, wenn der Herrscher aufhörte, das Rechte zu tun."[27]

Bauer zitiert den „Sachsenspiegel" des 13. Jahrhunderts, die wichtigste mittelalterlich-deutsche Rechtssammlung: „Der Mann muss wohl auch seinem König, wenn dieser Unrecht tut, widerstehen und sogar helfen, ihm zu wehren in jeder Weise. Und damit verletzt er seine Treuepflicht nicht."[28] Bereits im Braunschweiger Remer-Prozess 1952 hatte Bauer das Attentat des 20. Juli 1944 als Wahrnehmung „unseres guten alten deutschen Rechts" charakterisiert.[29] Weltliche Machtausübung durch göttliches oder Naturrecht einzugrenzen, kennzeichnet die mittelalterliche Jurisprudenz durchgehend. Indes formulierten nur wenige das *Widerstandsrecht* so radikal wie Manegold von Lautenbach, der um 1085 die These aufstellte, „das Königtum verdanke seine Entstehung dem Willen des Volkes, so dass der König nicht aus eigenem

---

[27] Zitiert nach: Erardo Rautenberg, Zu Haus unter Feinden, in: Die Zeit 47/2014; vgl. Fritz Bauer, Die Wurzeln faschistischen und nationalsozialistischen Handelns, Frankfurt (Main) 1965.

[28] Zitiert nach: Ronen Steinke, Fritz Bauer oder Auschwitz vor Gericht, München 2013, S. 148.

[29] Vgl. aaO, S. 216.

Recht herrsche, sondern lediglich als Amtsträger kraft des Vertrags, mit dem er sich dem Volke zur Treue verpflichtet habe. Er verliere daher das ihm aus dem Vertrag zustehende Herrscherrecht, wenn er den Vertrag verletze, was gleichzeitig bedeute, dass das Volk in diesem Falle von seiner Gehorsamspflicht entbunden werde".[30]

Martin Luther integriert den alten germanischen Freiheitsansatz 1526 in seine Schrift „Ob Kriegsleute auch in seligem Stande sein können". Auf die Frage: „Was wäre, wenn mein Herr unberechtigt Krieg führte?" führt der Reformator aus:

„Wenn du sicher bist, dass er unrecht hat, so sollst du Gott mehr fürchten und gehorchen als den Menschen, und sollst nicht mitkämpfen noch dienen, denn du kannst ja kein gutes Gewissen vor Gott haben. Ja, sagst du, mein Herr zwingt mich, er nimmt mir mein Lehen, gibt mir mein Geld, den Lohn und Sold nicht, außerdem würde ich verachtet und verleumdet als einer, der sich fürchtet, ja, der treulos ist vor der Welt, der seinen Herrn in der Not verlässt usw. Das musst du riskieren und um Gottes willen fahrenlassen. […] Weil Gott aber will, dass man um seinetwillen auch Vater und Mutter verlässt, so muss man um seinetwillen auch den Herrn verlassen."[31]

---

[30] Vgl. Tomuschat, aaO, S. 65f.

[31] Martin Luther, Ob Kriegsleute auch in seligem Stande sein können, hg. im Auftrag des Evangelischen Militärbischofs von Angelika Dörfler-Dierken und Matthias Rogg, Delitzsch 2014, S. 69f.

Die westliche, insbesondere angelsächsische Tradition folgt auch später dem Germanischen. Die Vereidigung englischer Soldaten auf König bzw. Queen bedeutet die Verpflichtung auf Rechtsprinzip und nationale Gemeinschaft, keineswegs aber blinden Gehorsam gegenüber konkreten Vorgesetzten. So analysierte Karl Marx 1849 in seinem Londoner Exil: „Der englische Soldat wird also vom Gesetz keineswegs als eine willenlose Maschine angesehen, der [sic!] dem ihm gewordenen Kommando gehorchen muss ohne zu räsonieren, sondern als ein ‚free agent‘, ein Mann mit freiem Willen, der in jedem Augenblick wissen muss, was er tut und für jede seiner Handlungen verantwortlich ist."[32]

Ganz anders klang, was der noch junge deutsche Kaiser Wilhelm II bei einer Rekrutenvereidigung 1891 in Potsdam einforderte – ohne einen öffentlichen Skandal auszulösen:

„Ihr habt Mir Treue geschworen, das – Kinder Meiner Garde – heißt, ihr seid jetzt Meine Soldaten, ihr habt euch Mir mit Leib und Seele ergeben; es gibt für euch nur einen Feind, und der ist Mein Feind. Bei den jetzigen sozialistischen Umtrieben kann es vorkommen, dass Ich euch befehle, eure eigenen Verwandten, Brüder, ja Eltern niederzuschießen – was ja Gott verhüten möge –, aber auch

---

[32] Neue Rheinische Zeitung vom 9. 3. 1849; zitiert nach: Karl Marx, Friedrich Engels, Werke Band 6, Berlin 1959, S. 332f.

dann müsst ihr Meine Befehle ohne Murren befolgen."[33]

Die Übersteigerung von Gefolgschaft zum *Kadavergehorsam*, ausdrücklich jede natürliche menschliche Bindung überwältigend, brach in Deutschland mit dem germanischen Herkommen. Historisch wurzelt sie im Desaster der nationalen Bewegung im 19. Jahrhundert. Die „Befreiungskriege" gegen Napoleon brachten mitnichten Befreiung, sondern den Triumph der Fürstenmacht. Als auf dem Wartburgfest 1817, in der Hochphase der Restauration, Werke jüdischer Autoren verbrannt wurden, war dies frühes Fanal des modernen Judenhasses, aber mehr noch Aufschrei frustrierter junger Nationalisten.[34] Kränkung und revoltierendes Entflammen gedemütigter Untertanen entluden sich auf gewaltsame, die herrschende Repression jedoch schonende Weise: Gegen Außenseiter, die – bei rationaler Betrachtung – Verbündete im Freiheitskampf hätten sein müssen. Unfähig zum Streit für die eigene Bürgerfreiheit, verkappte der deutsche Untertan seine Demütigung in „Herrenmenschentum".

Bald darauf scheitert die 1848er-Verfassungsgebung an einem frömmelnd-hochnäsigen Monarchen. Friedrich Wilhelm IV verhöhnt die ihm parlamentarisch angetragene Kaiserkrone als „Krone

---

[33] Sven Lange, Der Fahneneid. Die Geschichte der Schwurverpflichtung im deutschen Militär, Bremen 2003, S. 78.

[34] Vgl. Götz Aly, Warum die Deutschen? Warum die Juden? Gleichheit, Neid und Rassenhass 1800-1933, Frankfurt (Main) 2011, S. 60-64.

aus der Gosse" und „Hundehalsband" – und die
Abgesandten der Paulskirche treten brav ab, unterwerfen sich der *Arroganz der Macht*. Dergleichen
muss in der kollektiven Psyche eines Volkes Schaden stiften. Die kränkende Konfrontation mit der
Macht gebiert Vergötzung blanker Autorität; jene
Studentenverbindungen, die im Vormärz noch für
Bürgerfreiheit fochten, werden zu fanatischen
Feinden alles Liberalen. Nicht „von unten" er-
kämpft, sondern schließlich durch den Machttech-
nokraten Bismarck „von oben" hergestellt, definiert
sich die deutsche Nation im Folgenden statt durch
Bürgerfreiheit durch ihre militärische Machtstel-
lung. Patrioten mit aufgeklärt-bürgerlichen Idealen
mutieren zu aggressiven nationalen Phrasendre-
schern. Welche Gestalt der deutsche Bürger in diesem Prozess angenommen hat, charakterisiert
Heinrich Mann 1910 als den „widerwärtig interes-
sante[n] Typus des imperialistischen Untertanen,
des Chauvinisten ohne Mitverantwortung, des in
der Masse verschwindenden Machtanbeters, des
Autoritätsgläubigen wider besseres Wissen und
politischen Selbstkasteiers".[35]

Dass im Ersten Weltkrieg ein *Kult des Helden* auf
deutscher Seite stärker nachzuweisen ist als bei der
Entente, hat seine Wurzeln im vorangegangenen
Jahrhundert. Hier sticht hervor, wie sich ein von
politischer oder militärischer Zwecksetzung ent-
koppeltes „Pathos des Heroischen [...] gegen den

---

[35] Heinrich Mann, Macht und Mensch. Essays, Frankfurt
(Main) 2005, S. 31.

Maßstab der Zwecke behauptet".[36] Ein „Held"
steht „mutig" – egal, für welches Ziel! Ernst Jünger
postuliert 1922: „Nicht *wofür* wir kämpfen ist das
Wesentliche, sondern *wie* wir kämpfen. [...] Das
Kämpfertum, der Einsatz der Person, und sei es für
die allerkleinste Idee, wiegt schwerer als alles Grübeln über Gut und Böse"[37]. So steigt das „Soldatische" zum bürgerlich-politischen – richtiger: anti-
bürgerlichen und apolitischen! – Ideal auf. Einher
gehen damit ein mehr oder minder unterschwelliger
Infantilismus – die Obrigkeit soll für den Untertanen sorgen – und ein ethisch entleerter, formalisti-
scher Pflichtbegriff.

Wolf Graf Baudissin, der als eigentlicher geistiger Vater des „Staatsbürgers in Uniform" gilt, hat
demgegenüber betont, eine freiheitliche Ordnung,
die von ihren Gliedern – insbesondere ihren Soldaten – keinen blinden Gehorsam verlange und den
Soldaten nicht zum bloßen Werkzeug erniedrige,
gewinne gerade daraus „militärische Überlegen-
heit". Bürgermut und gemeinschaftliche politische
Überzeugung würden sich, so Baudissin als kriegs-
erfahrener Offizier, gegen entmenschlichenden
Drill und geducktes Söldnertum durchsetzen.[38]

Beides: Der Untertan *und* der gegen den politischen Führer kritische, seinem eigenen Gewissen

---

[36] Vgl. Münkler, aaO, S. 472-474.

[37] Zitat aaO, 474.

[38] Vgl. Angelika Dörfler-Dierken (Hg.), Graf von Baudissin.
Als Mensch hinter den Waffen. Quellenedition, Göttingen
2006, S. 214.

verpflichtete Einzelne, kommt aus der deutschen Tradition. Uns ist aufgetragen, mit unserem historischen Erbe nicht verschämt, sondern im guten Sinn wählerisch umzugehen. Eine prominente Rolle im Traditionsschatz der Bundeswehr kommt der vorbereiteten Proklamation der Regierung Beck / Goerdeler von 1944 zu, die sich der „Wiederherstellung der vollkommenen Majestät des Rechts" verpflichtete und die „Freiheit des Geistes, des Gewissens, des Glaubens und der Meinung" als ersten Schritt zu staatlicher Gesundung heraushob.[39] Im Blick auf die derzeit diskutierte europäische Armee gehört die Innere Führung auf die Agenda, zumal die Idee des primär dem Recht unterstellten Soldaten ja *europäisches Erbe* ist.[40] Geht es im deutschen Konzept der Inneren Führung doch letztlich darum, das, was Heinrich August Winkler „die subversive Kraft der Ideen von 1776 und 1789" genannt hat, auch im inneren Bereich staatlichen Wirkens zur Geltung zu bringen und Sorge zu tragen, dass die nach außen verteidigten Maßstäbe innen gewahrt bleiben.[41] In diesem Horizont obliegt der

---

[39] http://www.gdw-berlin.de/fileadmin/themen/b13/pdf/13_3_Faksimile_d.pdf

[40] In anderen NATO-Armeen — etwa der britischen oder der niederländischen — ist die Gehorsamspflicht ausdrücklich auf rechtmäßige Befehle beschränkt; der Wesenskern der Inneren Führung ist dort also fraglos vorhanden. Vgl. Jürgen Rose, Demokratisierung der Bundeswehr als Schritt auf dem Weg zum Frieden, Marburg (CCS Working Papers) 2011, S. 14.

[41] Vgl. Heinrich August Winkler, Geschichte des Westens. Band IV: Die Zeit der Gegenwart, München 2015, S. 17f.

Bundeswehr, das von Ernst Jünger verworfene „Grübeln über Gut und Böse" alltäglich zu rehabilitieren – macht es doch den Menschen aus.

II. Für Protestanten ein (schwieriges) Heimspiel

Als evangelischer Theologe empfinde ich Nähe zur Inneren Führung. Das Konzept hat ein dem Protestantismus verwandtes Grundmuster; es ist, so kann man sagen, reformatorische Berufsethik par excellence, obwohl fraglos auch zur katholischen Sozialethik Berührungspunkte bestehen und zudem die faktische „Bundesgenossenschaft zwischen säkularem Humanismus und Christentum" unübersehbar ist.[42]

Ein verhängnisvoller Irrtum wäre die Annahme, dem Einzelnen würde das Soldatsein durch die „weiche Linie" der Inneren Führung ethisch „verbilligt". Das Gegenteil ist der Fall! Kein Soldat nämlich kann der *eigenen Verantwortung* durch Berufung auf Institution oder Vorgesetzte entgehen, letzte ethische Instanz in Fragen des Dienstes ist *er selbst*. Die Innere Führung ist entschieden institutionskritisch. Das überrascht nicht, schaut man auf die Urheber des „Staatsbürgers in Uniform" in der Entstehungsphase der Bundeswehr. Ulrich de Maizière, selbst beteiligt, schreibt von einem „stark evangelisch geprägten Team" um Baudissin. In den

---

[42] Vgl. Ulrich Körtner, Evangelische Sozialethik. Grundlagen und Themenfelder, Göttingen 1999, S. 151.

frühen 1950er Jahren, als gerade die Unionsparteien noch auf „konfessionelle Balance" achteten, erregte das kritische Aufmerksamkeit.[43]

Basis jeder Ethik im protestantischen Verständnis ist die innere Freiheit des Einzelnen, die sich verdichtet im Ruf: *Fürchte dich nicht!* Sie hat ihren Grund in der Zusage der bedingungslosen Liebe Gottes: Durch Tun oder Unterlassen werde ich weder verdienen noch verlieren, was Gott mir zugedacht hat. Ich bin daher im Handeln frei, meine Gewissensentscheidungen umzusetzen, bin „freier Herr aller Dinge und dienstbarer Knecht aller Dinge" (Martin Luther).

Aus Sicht des Militärseelsorgers begrüße ich, dass bei der Bundeswehr mit der jahrhundertealten Tradition der zu Gehorsam pressenden, zu Feindeshass aufhetzenden Feldpredigerei gebrochen wurde. Das Verhältnis von Staat und Kirche ist jetzt so geordnet, wie es einer liberalen Demokratie zukommt. Auf dem Papier ist die Militärseelsorge freie Stimme der ethischen Besinnung. Rechtliches Fundament bildet das *Grundrecht* jedes Soldaten auf religiöse Betätigung gemäß Artikel 4 des Grundgesetzes. Die Militärseelsorge verdankt sich weder einem Führungsinteresse der militärischen Hierarchie noch einem Fürsorgeauftrag der Institution Bundeswehr; als Teil kirchlichen Handelns dient die Militärseelsorge primär dem Gewissen des ein-

---

[43] Vgl. Ulrich de Maizière, In der Pflicht. Lebensbericht eines deutschen Soldaten im 20. Jahrhundert, Herford/Bonn 1989, S. 177.

zelnen Soldaten. Die Innere Führung braucht dergleichen – obwohl es manchem im Gefüge Bundeswehr bis heute schwerfällt, die Unabhängigkeit des Seelsorgers zu akzeptieren. In der Entstehungszeit der Bundeswehr wurde „die Vermittlung des vollen, vom Christentum entscheidend geformten Menschenbildes" als besonderer Beitrag zur Führungskultur gewürdigt.[44] Prägnanter noch ist Baudissins Aussage, der Militärpfarrer solle die Soldaten daran erinnern, „dass sie noch einen anderen Herrn haben": „Es widerspräche dem Wesen freiheitlicher Ordnung, blinden Gehorsam von ihren Gliedern zu fordern. Dieses Verlangen ist unmenschlich. Uneingeschränkter Gehorsam gebührt nur Gott."[45] Indem die Militärseelsorge den einzelnen Soldaten in seinem Gewissen anspricht, praktiziert sie *gesellschaftliche Diakonie*; die Stärkung des Einzelnen trägt zum gesunden Funktionieren der Gemeinschaft bei.[46]

Der verantwortungsethische, den Einzelnen fordernde Ansatz der Inneren Führung revolutioniert die militärische Führungsphilosophie. Zugleich markiert die Innere Führung mit ihrer Neukonstitution der Militärseelsorge einen Bruch gegenüber der früheren Feldseelsorge. Wir kommen nicht umhin, die Vergangenheit der Seelsorge im stehenden Heer als Hintergrund aktueller Heraus-

---

[44] Vgl. Wolfgang Huber, Kirche und Öffentlichkeit, Stuttgart 1973, S. 261.

[45] Vgl. Dörfler-Dierken, Graf von Baudissin, aaO, S. 214.

[46] Vgl. Huber, aaO, S. 45.

forderungen wenigstens knapp zu umreißen. Der historische Blick gibt Tiefenschärfe und klärt manche Verwerfung. Aus der Frühzeit der institutionalisierten Militärseelsorge lesen wir im Reglement für die Königlich Preußische Infanterie von 1726:

„Weil ein Kerl, welcher nicht Gott fürchtet, auch schwerlich seinem Herrn treu dienen und seinen Vorgesetzten rechten Gehorsam leisten wird, also sollen die Offiziere den Soldaten wohl einschärfen, eines christlichen und ehrbaren Wandels sich zu befleißigen; weshalb die Offiziere, wenn sie von eines Soldaten gottlosen Leben in Erfahrung kommen, selbigen vornehmen und, wenn er sich nicht bessert, den Kerl zum Priester schicken."[47]

Wenig ist von der für Luther so zentralen Gewissensschärfung geblieben; der Pfarrer hat nichts als den Gehorsam des Soldaten zu sichern. Religion ist von einer kritischen Autorität, die den Einzelnen in Distanz bringt zu weltlicher Herrschaft, zum politischen Handlanger geworden: Sie hat sich gleichgeschaltet. Dies unterstreicht eine Einlassung des Geheimen Kriegsrats Lehmann drei Jahre vor dem Ersten Weltkrieg:

„Seelsorge ist eine der besten Stützen der militärischen Disziplin. Wir brauchen deshalb die Religion im Heere. [...] Die Heeresverwaltung bedarf einer Geistlichkeit, deren Predigt und deren ganzes

---

[47] Zitiert nach: Jens Müller-Kent, Militärseelsorge im Spannungsfeld zwischen kirchlichem Auftrag und militärischer Einbindung, Hamburg 1990, S. 8.

amtliches und außeramtliches Verhalten sich hineinfügt in den Gesamtrahmen der militärischen Erziehungstätigkeit. Sie bedarf deshalb auch einer Geistlichkeit, die ihrer unmittelbaren Aufsichts- und Disziplinargewalt untersteht. […] Ungeeignete Elemente müssen ferngehalten werden können."[48]

Welche Rolle dem Pfarrer zugedacht war, drückte die Preußische Militärkirchenordnung von 1832 unmissverständlich aus: „Anweisungen des militärischen Vorgesetzten muss der Militärgeistliche unweigerlich Folge leisten."[49] Gegenüber dem staatlich-militärischen Apparat und dessen Entschlossenheit zu auch gewaltsamer Durchsetzung von Herrschaft befand sich der Militärpfarrer in schwacher Position. Es wird berichtet, dass Kronprinz Friedrich, der spätere „Große", sich durch Äußerungen des Feldpredigers Günther in Neuruppin provoziert fühlte, was zur Folge hatte, dass der Thronerbe – selbstverständlich ungeahndet – eines Nachts in Begleitung mehrerer Offiziere in die Wohnung des Pfarrers eindrang, dort zuerst Fensterscheiben einschmiss, dann den Pfarrer aus dem Bett zog und ihn samt seiner schwangeren Frau aus dem Fenster in den Hof warf.[50]

Weniger gewalttätig, doch nicht minder übergriffig gerierte sich der Divisionskommandeur Paul

---

[48] AaO, S. 9f.

[49] AaO, S. 10 Anm. 17.

[50] Vgl. Johannes Wallmann, Friedrich der Große und die preußische Militärkirche, in: Zeitschrift für Theologie und Kirche 2014, S. 148-178, hier: 161.

Bronsart von Schellendorff (1832-1891) im Jahre 1882, kurz vor seiner Berufung zum preußischen Kriegsminister, in einem Beschwerdeschreiben: „Divisionspfarrer Wölfing [...] hat [...] in diesem Frühjahr zwei Male in seinen Predigten eine Betrachtung militärischer Verhältnisse eingeflochten, welche geeignet war, ungünstig auf die Disziplin einzuwirken"; es erscheine zweifelhaft, „ob der Divisionspfarrer Wölfing sich ferner für seine Stellung eignet."[51]

Die den Ersten Weltkrieg aufbereitenden Romane von Arnold Zweig geben Einblick nicht nur in das innere Werkeln der Armee, sondern auch in die fragwürdige Rolle der damaligen Militärseelsorge. Dabei fällt auf, dass der Militärpfarrer das sittliche Niveau der ihm anvertrauten Soldaten kaum selbst erreicht. Im Kern verkörpert er nichts als das „oben" vorgegebene „Durchhalten". In „Erziehung vor Verdun" von 1935 agiert ein katholischer Geistlicher, schlau, gebildet, angenehm im Umgang. Als kluger Vermittler hintertreibt er das weltliche Recht selbst dort, wo es im Umfeld von Front und Hierarchie Platz greifen könnte, indem er christlich-dogmatische Vergebungsformeln ideologisch missbraucht. Sein zur Schau getragener hyperkritischer Standpunkt („Zerstörung aller Moral im Krieg") ermöglicht ihm, die Moral im Kleinen und Konkreten zu Gunsten einer funktionierenden Hierarchie auszuhebeln. Im Roman „Der Streit um den Sergeanten Grischa" (1927) tritt hingegen ein pro-

---

[51] Vgl. Müller-Kent, aaO, S. 10 Anm. 18.

testantischer Feldprediger auf, primitiv-chauvinistisch, auf schnellen persönlichen Vorteil bedacht und schlichten Hetzparolen verfallen.

Arnold Zweig, Jude und Kommunist, schildert die gesellschaftliche Rolle des Christentums insgesamt weit positiver, als kirchliche Verstrickungen in den Herrschaftsapparat nahelegen könnten. General Lychow, ein Herrnhuter Pietist, repräsentiert eine altpreußische Rechtlichkeit, die zur deutsch-völkisch grundierten Staatsräson des machtbewussten Neuheiden Schieffenzahn – gemeint ist Ludendorff – in scharfem Kontrast steht. Für Lychow bleibt das „Rechtsgefühl des Volkes" immer „Abbild himmlischer Gerechtigkeit, und wenn man es in eine Ecke schmeiße aus politischen Gründen, so könne niemand wissen, ob nicht mit solchem Frevel das Urteil des Staates selber falle in den ewigen Sfären der göttlichen Gerechtigkeit"; „Rechttun und Auf-Gott-Vertrauen" seien „die Säulen Preußens gewesen [...], und ich will nicht hören, dass man sie von oben her zerbröckelt".[52] In der von Ludendorff-Schieffenzahn in ganz anderem, „zeitgemäßen" Sinn dirigierten Armee läuft hingegen im Namen der „Disziplin" die Zerstörung ethischer Standards auf Hochtouren: „Maul halten und auf Vater und Mutter schießen!"[53]

Aus diesem Spannungsfeld entwickelt sich eine regelrechte Verschwörung für Recht und Mensch-

---

[52] Arnold Zweig, Der Streit um den Sergeanten Grischa, Berlin 2001, S. 307f.
[53] AaO, S. 422f.

lichkeit, in deren Zentrum der fromme Protestant Lychow und dessen Adjutant stehen. Bezeichnender Weise bezieht die Konspiration aber den Seelsorger nicht ein. Einfache Soldaten praktizieren Kameradschaft im besten Sinn, auch über Freund-Feind-Grenzen hinaus. Der Militärpfarrer erscheint da nicht als sittliches Vorbild, sondern bewegt sich im Schatten offiziell befohlener Menschenverachtung.

Die Zivilkirchen kommen im Rückblick insgesamt nicht besser weg: „Auf Kanzeln daheim wie vor transportablen Feld-Altären warben evangelische Pastoren und Theologie-Professoren von 1914 bis 1918 fürs Blutvergießen."[54] Militärseelsorge und Zivilkirche leisteten gleichermaßen ihren Beitrag zu nationaler Selbstrechtfertigung, statt an die Rechtfertigung durch Gottes Gnade zu erinnern, die jedes menschliche Rechthaben relativiert.

Hatte der Theologe Ernst Troeltsch, der noch im Verlauf des Krieges auf Distanz zur herrschenden Schlachtenideologie gehen und in der Weimarer Republik zum couragierten Gegner des Antisemitismus werden sollte,[55] die Deutschen 1914 als „Volk mit Einordnungssinn" gerühmt, so markiert eine Erinnerung des stramm deutschnationalen Pfarrers und Hochschultheologen Emanuel Hirsch aus dem Ersten Weltkrieg den Gipfelpunkt andres-

---

[54] So der Spiegel 3/1968 in seiner Rezension von Wilhelm Pressel, Die Kriegspredigt 1914-1918 in der evangelischen Kirche Deutschlands (Göttingen 1967).
[55] Vgl. Huber, aaO, S. 176-183.

sierter „Einordnung" und der Identifikation eines Seelsorgers mit machtpolitischen Zielen:

„Ich las in meiner Predigerzeit damals an Krankenbetten häufig aus dem Psalter vor [...]. So auch eines Tages einer ziemlich armen und tief verzagten Frau auf einem der Dörfer, einer Mutter, deren Sohn im Felde war, den 91. Psalm. Selten habe ich eine so tiefe Andacht, eine so selige Getrostheit über einen Menschen sich breiten sehn wie damals. Als ich nach einigen Tagen noch einmal kam, war die Frau eben wieder auf, wollte aber gern eins gelesen haben. Ich begann einen andern Psalm, sie verlangte den alten. Aus dem Gespräch über das Warum ergab sich die für mich furchtbare Entdeckung, woher jene Andacht und Getrostheit gekommen war. ‚Ob tausend fallen zu deiner Seite und zehntausend zu deiner Rechten, so wird es doch dich nicht treffen‘ – sie hatte das als persönliches Orakel genommen, dass Gott ihren Sohn lebendig zurückbringen würde: sie sollte anders als die vielen rings in Dorf und Stadt, die ihren Mann oder Sohn verloren hatten und noch verlieren würden, den Sohn behalten. Ich versuchte, so schonend wie ich es vermochte, ihr dazu zu helfen, dass sie verstand: das sei kein christliches Gottvertrauen. Sie wurde ganz zur feindlichen Abwehr, und der seelsorgerliche Zugang zu ihrem Herzen ist mir für immer verschlossen geblieben."[56]

---

[56] Emanuel Hirsch, Das Alte Testament und die Predigt des Evangeliums (1936), Tübingen 1986, S. 41f.

Hirsch, selbst körperlicher Gebrechlichkeit wegen vom Militärdienst befreit – er avancierte später zum Berater des „deutsch-christlichen" Reichsbischofs Ludwig Müller, der seinerseits Marine- und Wehrkreispfarrer gewesen war –, ging „schwer betroffen darüber, einem Menschen zum Irrglauben verholfen zu haben und es nicht gutmachen zu dürfen", nach Hause.

Das Verhalten des Seelsorgers Hirsch, das heute empört, doch aus dem zeitgenössischen Rahmen kaum herausfällt, steht komplementär zum oben zitierten Auftritt des Kaisers; wo Wilhelm II von Soldaten verlangt, auf ihre Eltern zu schießen, schlägt Hirsch einer Soldatenmutter das Gebet für ihren Sohn ab, um die tief zersorgte Frau in den (christlich verbrämten) „Opferwillen" der Volksgemeinschaft hineinzuzwingen. So gibt Seelsorge sich her als Instrument innerer Uniformierung; sie beteiligt sich an der Zersetzung jeder Lebensordnung – insbesondere der Familie –, die das Individuum gegen totalitäre Ansprüche abschirmt.

Es bedarf keiner Erklärung, dass nach 1945 ein *radikaler Schnitt* erfolgen musste, auch in Begründung und Rechtsstatus der Militärseelsorge für die auf Wunsch der westlichen Siegermächte ins Leben gerufene Bundeswehr. Der nach heftigen innerkirchlichen Kontroversen geschlossene „Vertrag der Bundesrepublik Deutschland mit der Evangelischen Kirche in Deutschland zur Regelung der evangelischen Militärseelsorge" setzt ein „Zeichen

für einen wirklichen Neuanfang"[57] und legt seit
1957 fest: „Aufgabe des Militärgeistlichen ist der
Dienst am Wort und Sakrament und die Seelsorge.
In diesem Dienst ist der Militärgeistliche im Rahmen der kirchlichen Ordnung selbständig. Als
kirchlicher Amtsträger bleibt er in Bekenntnis und
Lehre an seine Gliedkirche gebunden." Dass die
Militärgeistlichen „von staatlichen Weisungen unabhängig sind", wird im Vertragstext nochmals
unterstrichen.[58]

In der offiziösen Theorie wird die Militärseelsorge zweifelsfrei als „Bringschuld" des Staates,
„die sich aus dem Anspruch auf Religionsfreiheit
herleitet", und als inhaltlich allein kirchlich bestimmt verstanden.[59] Indes klaffen Anspruch und
Praxis auch hier gelegentlich auseinander. Wolfgang
Huber hat in seiner Habilitationsschrift 1973 die
strukturelle Anfälligkeit der Militärseelsorge für
verfassungswidrigen Missbrauch aufgewiesen. Es
liege auf der Hand, dass die Militärseelsorge ihrer
Leitungsform wegen „von staatlichen und militärischen Stellen immer wieder als eine Agentur der
‚politischen Religion' missverstanden wird".[60] Be-
denken, ob es immer gelingt, den eigentlich guten

---

[57] Hans-Gernot Jung, Art. „Militärseelsorge I: Grundlagen",
in: Evangelisches Staatslexikon, Stuttgart ³1987, Sp. 2136-
2139, hier: 2136.

[58] Vgl. Militärseelsorgevertrag, Artikel 4 und 16.

[59] Vgl. Hans-Joachim Reeb/Peter Többicke, Lexikon Innere
Führung, Regensburg/Berlin ²2003, S.175.

[60] Vgl. Huber, aaO, bes. S. 220-294, hier: 271.

Rechtsstatus der Militärseelsorge handlungsleitend werden zu lassen, nährt die zum Druck gelangte Einschätzung eines einsatzerfahrenen Kollegen aus dem Jahr 2003: „[…] auf deutscher Ebene habe ich mehrfach Versuche von militärischer Seite erlebt, direkten Einfluss auf die Tätigkeit des Militärseelsorgers zu nehmen".[61] Vor dem Hintergrund meiner eigenen Erfahrung, nicht nur aus Afghanistan, kann ich dem leider nicht kategorisch widersprechen.

Während meiner zweiten Woche als Militärpfarrer wurde ich durch einen Kompaniechef „angefordert". Der junge Offizier instruierte mich bereits am Telefon, wie ich mit einem Soldaten, der nicht nach Afghanistan gehen wollte, zu sprechen und den Mann zu bearbeiten hätte, um ihn doch noch in den Einsatz zu bringen („Herr Pfarrer, sagen Sie dem, er wird seines Lebens nicht mehr froh, wenn er bei der Weigerung bleibt!"). Es hieß wohlgemerkt nicht: „Kommen Sie, denn einem Soldaten würde ein freies Gespräch guttun", sondern der Pfarrer sollte – scheinbar selbstverständlich – zur Durchsetzung des Vorgesetzten-Anliegens instrumentalisiert werden.[62]

---

[61] Dirck Ackermann, Das deutsche evangelische Militärseelsorgemodell im internationalen Praxistest, in: Evangelisches Kirchenamt für die Bundeswehr (Hg), Für Ruhe in der Seele sorgen. Evangelische Militärpfarrer im Auslandseinsatz der Bundeswehr, Leipzig 2003, S. 116-121, hier: 121.

[62] Ich habe da nicht mitgespielt, der Soldat blieb zu Hause – und scheint seines Lebens immer noch ziemlich froh zu sein.

Wenige Monate später sprach mich nach einer Gelöbnisfeier ein höherer Offizier sichtlich aufgebracht an und „orderte" für derartige Anlässe künftig harmlosere, weniger zur Reflexion herausfordernde Predigten. Wiederum wohlgemerkt: Er äußerte nicht seine persönliche Meinung zu der gehörten Predigt – was sein gutes Recht wäre –, sondern schien anzunehmen, mir diesbezüglich weisungsbefugt zu sein. Auf meinen Einwand, ich sei da, um die Soldaten nachdenklich zu machen und sie als Individuen gegen das hierarchische System zu stärken, reagierte er überrascht.

In meiner Vorbereitung auf den Afghanistaneinsatz monierte ein Ausbilder, Rolle des Pfarrers sei doch, den Soldaten Vorbild zu sein durch „vollen Einsatz". Distanz zu Befehlen erkennen zu lassen, gezieme sich da nicht.

Die Mehrzahl der geschilderten Situationen konnte in menschlich angenehmer, zumindest erträglicher Weise aufgelöst werden. Das ändert jedoch nichts daran, dass bei manchem militärischen Vorgesetzten die – historisch ja stark unterfütterte – Erwartung existiert, der Pfarrer sei als *Hilfsinstrument* zur Durchsetzung militärischer Führungsinteressen verfügbar. Dies steht aber in krassem Widerspruch zu Geist und Buchstabe des Militärseelsorgevertrags. Was nicht zu übersehen ist: Jeder Versuch einer militärischen Instanz, die Unabhängigkeit des Militärpfarrers einzuschränken, vergreift sich am Grundgesetz! Die *reale* Freiheit der kirchlichen Arbeit in der Bundeswehr kann als Maßstab für die Realität der Inneren Führung gelten. Basis der Militärseelsorge ist nämlich keineswegs ein Privileg der kirchlichen Institution, sondern das *individuelle Grundrecht* jedes Soldaten auf freien Kontakt zu einem authentischen „geistlichen" Vertreter der eigenen Konfession. Hinzu kommt: Wer als militärischer Vorgesetzter die Unabhängigkeit des Pfarrers beschädigt, bringt sich selbst um die Möglichkeit der freien Aussprache. Ein Abhängiger kann nie wirklich Seelsorger sein.

Eine militärische Funktionszuweisung unterläuft das *ideologiekritische Potenzial des Evangeliums*: Wo Seelsorge von vornherein nur zu „unterstützen", zu „vermitteln" und zu „beruhigen" hätte, könnte sie keine neuen, systemunabhängigen Perspektiven eröffnen. Evangelium und Valium sind zweierlei.

Die *Unabhängigkeit* des Militärpfarrers ist unerlässlich für die dem Soldaten geschuldete *kritische Solidarität* der Kirche. Im Auftrag der politischen Gemeinschaft, von einer großen Mehrheit der gewählten Volksvertreter beschlossen, riskiert der Soldat seine körperliche und seelische Gesundheit. Er kann in einer Intensität, die das Zivilleben selten kennt, mit Leid und Tod konfrontiert werden und läuft Gefahr, sich in Ausübung seines Dienstes mit Schuld zu belasten. Das verdient Anerkennung und kritisch-solidarische Begleitung. Der Theologe Georg Picht hat eindringlich formuliert, ein Soldat sei gezwungen, „als der Handhaber militärischer Gewalt im Schatten der Möglichkeit zu leben, dass er zum Funktionär des Schreckens werden könnte“.[63] So lange unsere Demokratie entsprechende Beschlüsse fasst und sich friedensethisch keine überzeugende Alternative ergibt, die auf militärische Gewalt völlig verzichten ließe, haben Soldaten Anspruch auf Seelsorge. Auf unabhängige Seelsorge!

III. Innere Führung und Einsätze

Die Grundidee der Inneren Führung stammt aus der Französischen Revolution: Der mündige Bürger verteidigt sein Gemeinwesen. Historisch und mehr noch logisch damit verknüpft war die allgemeine Wehrpflicht. Im Kalten Krieg fand das weitgehende Akzeptanz.[64]

Seit Beginn der Auslandsmissionen, dem Wechsel vom *Bedrohungs-* zum *Risikoparadigma*, ist insbesondere die politische Führung gefordert, die Einsätze mit ihren irregulären, „hybriden“ Kriegsszenarien als *Landesverteidigung* zu vermitteln. Dabei

---

[63] Zitiert nach: Irmin Barth, Militärseelsorge in der Bundesrepublik Deutschland, Heidelberg 1987, S. 51.

[64] Zumindest für die Gründerväter der Inneren Führung sicherte nicht das Feindbild „Kommunist“ den Zusammenhalt der Bundeswehr, sondern die Zustimmung zur freiheitlichen Ordnung (vgl. kritisch Martin Böcker, Soldat und Partisan als Antibürger, in: Böcker / Kempf / Springer, aaO, S. 201-213, hier: 201f). Das Integral der Bundeswehr sollte *ein Gutes* sein, kein Feindbild. Baudissin sah die Demokratie als so integrativ, dass er ein motivierendes Feindbild explizit ablehnte und vom Soldaten „Objektivität gegenüber dem Gegner, also hassfreie Klarheit auch im Kampf“ forderte (vgl. Handbuch Innere Führung, Bonn 1957, S. 64).

46

scheint mir die generalisierende Aussage, mit dem Wandel der Aufgabe hätte ein Wandel der Leitkultur verbunden sein müssen, nicht stichhaltig; schließlich war die Innere Führung als vermeintlich „weiche" – real aber ein Höchstmaß an Courage erfordernde – Linie auch zu Zeiten der Abschreckungsdoktrin umstritten.[65] Einsätze und Innere Führung wären fraglos in Konflikt, könnten die Einsätze nicht als im vitalen Interesse der Bürgergemeinschaft liegend, als „Verteidigung gegen einen das Leben und die Freiheit zerstörenden Angriff", plausibel gemacht werden.[66] Ist das aber völlig unmöglich? Nachbesserungsbedarf im Diskurs sehe ich; die politische Verantwortungsebene muss verstärkt „deutlich machen, warum sie das einzige wirkliche Opfer – das des eigenen Lebens – nicht nur legal, sondern auch legitim verlangen kann, muss die Frage (mit)beantworten, wofür es sich im äußersten Fall zu sterben lohnt."[67]

Nun haben die Deutschen nach Meinung vieler, durchaus wohlwollender Kommentatoren ein Problem damit, ihre nationalen Interessen zu definieren. Besonders schwer scheint zu fallen, eine schlüssige nationale Sicherheitsstrategie gesellschaftlich zu etablieren, die die *internationalen Rahmenbedingungen* unseres Wohlergehens nüchtern beschreibt. Darin wäre das – vorrangig präventive –

---

[65] Vgl. Wiesendahl, aaO, S. 17f.

[66] Das Zitat stammt aus einer Rede Baudissins vom Dezember 1951 (wiedergegeben bei Rose, Offizier, aaO, S. 207).

[67] Gerber, aaO, S. 44.

Engagement zu umreißen, bei dem das Militärische ein Wirkelement unter anderen (Entwicklungszusammenarbeit, Demokratieförderung, zivile Krisenprävention) sein kann. So würde die für ein Demokratie-gemäßes soldatisches Selbstverständnis unerlässliche Möglichkeit der *informierten Zustimmung* zu Einsatzbefehlen im gesellschaftlichen Diskurs verankert.

Ist die globale Verteidigung und – wenn möglich – Ausbreitung der *Menschenrechte* im Sinne der Erklärung der Vereinten Nationen von 1948 als legitimes Element der Landesverteidigung zu beschreiben? Gelten die Menschenrechte überhaupt universal – oder unterliegen die Befürworter einer westlich-überheblichen Verblendung, die dazu führt, dass der deutsche Soldat im Auslandseinsatz den „selbstgerechten" Expansionsdrang einer pluralistisch-verwaschenen Werteordnung „gewalttätig repräsentiert"?[68] Wer, wie ich es tue, für die Allgemeingültigkeit der Menschenrechte eintritt, muss sich redlicher Weise mit Anfragen wie dieser auseinandersetzen: „Ein grundlegendes Problem der Menschenrechte besteht heute darin, dass es für sie keine universal formulierbare und somit kultur- und religionsübergreifend weltweit akzeptierte Letztbegründung gibt."[69]

Ich entgegne: Die Menschenrechte sind weniger einer bestimmten – christlich-„abendländisch" ko-

---

[68] Vgl. Böcker, Partisan, aaO, S. 203.
[69] Körtner, aaO, S. 161.

dierten – Weltsicht geschuldet; vielmehr zielen sie lebenspraktisch auf Vermeidung sozial zugefügten Leids ab. Heiner Bielefeldt, dem Erlanger Politologen und Sonderberichterstatter des UNO-Menschenrechtsrates, folgend, lasse ich beim Streitpunkt „Universalität der Menschenrechte" das Verhältnis der Kulturen beiseite und frage existenziell: *Was empfindet ein Mensch als Leid?* Dass es allgemein als persönliches Leid empfunden wird, zwangsverheiratet zu werden und seine (Glaubens-) Überzeugung oder seinen Zweifel nicht aussprechen zu dürfen, scheint mir sicher – auch wenn Menschen unter dem Druck bestimmter Kulturen gegen solches Leid nicht aufbegehren, ja es nicht artikulieren.[70] Im Schutz westlicher Freiheitsgarantien lassen sich Sätze wie der folgende leicht niederschreiben: „Es ist ein Trugschluss anzunehmen, alle Menschen dieser Welt wünschten sich nichts sehnlicher als zum Westen zu gehören und nach dessen Regeln zu leben."[71] Doch äußert sich in der so zur

____

[70] Heiner Bielefeldt, Menschenrechte in der islamischen Diskussion,
http://www.kompetenz-interkulturell.de/userfiles/
Grundsatzartikel/Menschenrechte%20Islam.pdf.

[71] Gabriele Krone-Schmalz, Russland verstehen. Der Kampf um die Ukraine und die Arroganz des Westens, München 2015, S. 25. – Otfried Höffe (Konfuzius, der Koran und die Gerechtigkeit, in: FAZ vom 17. 8. 2015) hat in einer interkulturellen Rundumschau den „Eurozentrismus" der Menschenrechte bestritten: „Weder ist der Westen der einzige Treuhänder der Menschenrechte, noch können sich andere Kulturen unter Berufung auf ihre nichtwestlichen Werte vom Anspruch der Menschen freisprechen." Seriösen Erhebungen zufolge

Schau getragenen Kultursensibilität nicht die Sattheit Besitzender – zum Schaden jener Mitmenschen, denen verwehrt ist, individuelle Freiheitsrechte überhaupt kennenzulernen, und zum Nutzen solcher Staaten, die Systemkritik im Innern gewaltsam unterbinden? Wer privilegiert ist, sollte gut überlegen, bevor er die eigenen Privilegien für naturgegeben erklärt und sich zum Vormund der weniger Begünstigten aufschwingt. Ein (äußerst bequemer) Trugschluss liegt m. E. der Annahme zu Grunde, menschenrechtliche Besitzstände im „Westen" hafteten an lokaler Herkunft und seien somit weder verteidigungsbedürftig noch global teilbar. Unstrittig – und da wird es für die Landesverteidigung konkret und verbindlich – lässt sich globales *Ausstrahlen von Unrechtsstrukturen* feststellen. Im Jahr 2001 erzeugten himmelschreiende Verhältnisse in Afghanistan jene brutale Dynamik, die die Bundeswehr seither in Beschlag nimmt; unter der Knute von Taliban und Al-Qaida war das Land am Hindukusch nicht allein „Gefahr für die globale Sicherheit", sondern „die schlimmste humane Kri-

---

erfreuen sich z. B. in der muslimisch dominierten Hemisphäre die „Vorstellungen von Freiheit und Demokratie in einem modernen Sinn" hoher Zustimmung (vgl. Dan Diner, Versiegelte Zeit. Über den Stillstand in der islamischen Welt, Berlin 2005, S. 53). Wenn Böcker, Partisan, aaO, S. 203, gegen das „brüchige" Ethos der Menschenrechte anführt, westliche Interventionen beschädigten die „einigende Lebensweise" der Einsatzländer, so schert er die Bedürfnisse der dort lebenden Individuen unzulässig über den einen Kamm des „Kulturraumes".

senregion der Welt".[72] Offenkundig wirken Staaten, die im Innern die Menschenrechte achten, nach außen weniger destabilisierend – die aktuelle Fluchtproblematik führt das auf grausame Weise vor Augen.[73] Dass die globale Menschenrechtslage sehr wohl in die Rubrik „Nationale Sicherheit" fällt und Sensibilität für ferne Lebensverhältnisse keineswegs abgehobenen Humanitätsideen folgt, thematisiert Navid Kermani mit einer gewissen Bitterkeit:

„Etwas läuft grundlegend falsch, wenn Gesellschaften in Not im Westen erst wahrgenommen werden, nachdem sie Terroristen produziert haben. Ohne den 11. September 2001 würden die Afghanen immer noch unter dem Joch der Taliban leben, das ihnen die pakistanischen, saudischen und amerikanischen Geheimdienste in einem Joint-Venture der schmutzigsten Art beschert hatten."[74]

Wie werden solche – nicht schlicht „auf der Hand liegenden", sondern Erklärung und Argu-

---

[72] Vgl. Ahmed Rashid, Sturz ins Chaos. Afghanistan, Pakistan und die Rückkehr der Taliban, Düsseldorf ³2010, S. 42.

[73] Ein Beschluss, deutsche Soldaten im Auslandseinsatz hohem Risiko auszusetzen, verlangt die tabufreie Diskussion jener Fragen, die derzeit nicht nur innerhalb der Bundeswehr durch den Eindruck aufkommen, unter den Flüchtlingen seien „viele Männer im wehrfähigen Alter [...], die in ihrer syrischen oder afghanischen Heimat dringend gebraucht würden, um zu kämpfen, ihr Land aber im Stich gelassen hätten" (zitiert nach der FAZ vom 26. 9. 2015).

[74] Navid Kermani, Nach Europa. Rede zum 50. Jahrestag der Wiedereröffnung des Burgtheaters Wien, Zürich 2005, S. 29f.

mentation erfordernden – Sachverhalte aber gegenüber der Bevölkerung und den Bundeswehrsoldaten kommuniziert? Generell sage ich: Zu wenig! Und erst recht zu wenig differenziert. Die komplexe Realität Afghanistans wurde offiziell lange Zeit schöngeredet, berechtigte Fragen unterbunden. So konnte sich unter Einsatzsoldaten kaum staatsbürgerliches Bewusstsein bilden – und erkennen zu wollen, ob „die Einsätze zur Verwirklichung deutscher Interessen dienen"[75], ist (nicht nur) für Soldaten höchst legitim![76] Gerade, wer die Einsätze für generell im nationalen Interesse begründet hält, wird Fragen nach „Selbstbehauptungsinteressen, z. B. auf dem Rohstoffmarkt und im Welthandel", sowie nach ideologisch verschleiernder Rhetorik von „friedenserhaltenden oder friedensschaffenden

---

[75] Martin Böcker, Elmar Wiesendahls Athen und Sparta. Eine Kritik mit persönlichen Anmerkungen, in: Armee im Aufbruch, aaO, S. 223-236, hier: S. 236.

[76] Was ein Militärpfarrer im Jahr 2003 aus der Truppe berichtete, ist unverändert brisant: „Ein immer wiederkehrender ‚running gag', ein fiktives Gespräch, getragen von Ironie, wurde dann oft zitiert und gab das Problem treffend wieder: ‚Soldat, was tun Sie hier in Zentralasien?' Antwort: ‚Treu dienen und die BRD tapfer verteidigen.' Dieses Bonmot wird der Ernsthaftigkeit der Sache sicher nicht gerecht. Aber wäre es nicht an der Zeit, politische Notwendigkeiten zu benennen und militärischem Denken und Handeln auch in der Sprache die Ehrlichkeit zu geben, die dem Soldaten, der im Einsatz sein Leben riskiert, und seinem Auftrag gerecht wird?" (Alfred Gronbach, Auf Leben und Tod, in: Für Ruhe in der Seele sorgen, aaO, S. 102-104, hier: 104)

Maßnahmen" nicht ausweichen, sondern ehrliche Antworten einfordern.[77]

Allerdings scheint es selbst auf der Diskursebene der Bundeswehr-Universitäten an der Bereitschaft zu mangeln, den im nationalen Interesse liegenden Einsatzsinn gemäß den Anliegen der Inneren Führung zu diskutieren. So macht es betreten, wenn der in Neubiberg lehrende Politikwissenschaftler Carlo Masala behauptet, die Befreiung der afghanischen Frau oder die Durchsetzung von Bildungsmöglichkeiten afghanischer Kinder seien von vornherein ohne sinnstiftende, auf den Schutz unseres Landes bezogene Qualität.[78] Dass Unrechtsverhältnisse ferner Länder unsere höchst egoistischen Belange empfindlich berühren können, ist eigentlich Binsenweisheit. M. E. kann diese nur interessegesteuert negiert werden, um gegen die demokratische Akzeptanz der Einsätze Stimmung zu machen. Die in der Truppe empfundene „beunruhigende

---

[77] Vgl. Körtner, aaO, S. 194. – Die Meinung Jürgen Roses, der in den Auslandseinsätzen „Neo-Wilhelminismus" und Missachtung des Friedensgebotes im Grundgesetz sieht (vgl. Rose, Offizier, aaO, S. 210f), teile ich nicht, da in meinen Augen die Einsätze – bei aller gebotenen kritischen Differenzierung – sehr wohl als Verteidigung „im Sinne einer supranationalen Lösung" (aaO, S. 209) darstellbar sind. Jedoch wünsche ich mir v. a. von politischen Entscheidungsträgern ein wesentlich offeneres Werben für die Einsatzgründe, das Soldaten die eigene Auseinandersetzung erleichtert.

[78] Vgl. Carlo Masala, Soldat und Söldner. Demokratie und Schlagkraft, in: Böcker / Kempf / Springer, aaO, S. 63-74, hier: 72f.

Rechtfertigungslücke"[79] besteht durchaus, jedoch nicht, weil hier nichts zu rechtfertigen wäre, sondern in Folge eines Kokettierens geistiger Eliten im Bundeswehr-Milieu mit vorgeblichen „Anzeichen, dass Demokratie und Rechtsstaat ihr Ende vorbereiten"[80], und darin bedingter schwarzer Löcher im Diskurs. Primär obliegt der politischen Führung, *geistige Führerschaft* zu praktizieren und Sinn und Zweck eines Einsatzes gegenüber Gesellschaft und Bundeswehr zu begründen. Und es obliegt jedem einzelnen Soldaten, von seinem Wahlkreisabgeordneten *Rechenschaft* einzufordern, weshalb er für einen Einsatz gestimmt hat. Das „freundliche Desinteresse" der Gesellschaft nur zu beklagen, ist für den selbstbewussten Soldaten keine Option.[81] Oberstleutnant a. D. Gustav Lünenborg hat treffend angemerkt:

„Dazu gehört Courage, Zivilcourage. Mitunter auch Mut und Tapferkeit. Aber wer sich selbst und seinem Urteil vertraut, keine Angst vor Fürstenthronen hat und nicht in ständiger Sorge um die nächste Beförderung lebt, der wird die öffentliche Meinung mitgestalten und Einfluss nehmen wollen,

---

[79] Jochen Bohn, Soldatentum im Rechtsstaat, in: Böcker / Kempf / Springer, aaO, S. 13-26, hier: 26.

[80] AaO, S. 24.

[81] Vgl. kritisch Birkhoff, aaO, S. 110; Böcker, Athen, aaO, S. 224. – Den Rat, mit dem heimischen Bundestagsabgeordneten das kritische Gespräch zu suchen, um Soldaten bei Entscheidungsträgern Gesicht und Stimme zu geben, nimmt jeder Rekrut aus meinem Unterricht mit.

ganz besonders auf die Sicherheitspolitik und die wird im zivilen politischen Raum bestimmt. Politik ist nicht schmutzig, sie ist das ‚Gefechtsfeld‘ der Demokratie, nur wer präsent ist, bestimmt mit.“[82]

Freiheit, das zeigt die Erfahrung, wird leicht verachtet, wo sie selbstverständlich scheint. Erst erlittene Abwesenheit von Freiheit lehrt sie zu würdigen. Fritz Stern, geboren 1926 in Breslau und 1938 in die USA emigriert, berichtet aus seiner bewegten Biografie: „Als Kind im Nationalsozialismus war Freiheit, die verbotene, ein heißer Traum und Kerker eine tödliche Metapher.“[83] Die Erkenntnis des Wertes individueller Freiheit hat jüngst liberale Muslime in Deutschland veranlasst, sich öffentlich zu den aufklärerischen Grundrechten zu bekennen und den Konflikt mit reaktionären Religionsverbänden zu wagen.[84] Was manchem im Bundeswehr-Nachwuchs nur „dekadent“ oder „abstrakt und beliebig interpretierbar“ scheint,[85] ist es dem saudiarabischen Blogger Raif Badawi wert, 1000 Peitschenhiebe zu riskieren.[86] Nach dem Pariser Anschlag im Januar 2015 forderten 67 Intellektuelle aus der islamischen Welt „Staatsbürgerlichkeit, Gewissensfreiheit, Rechtsstaatlichkeit und alle

---

82 http://www.armee-im-aufbruch.de/lesungen/

83 Fritz Stern, Das ist unser Vermächtnis, in: FAZ vom 27. 6. 2015.

84 Vgl. FAZ vom 15. 7. 2015.

85 Birkhoff, aaO, S. 109; Böcker, Athen, aaO, S. 235.

86 Vgl. Raif Badawi, 1000 Peitschenhiebe. Weil ich sage, was ich denke, Berlin 2015, S. 15.

Menschenrechte" ein.[87] 67 – immerhin! Sie tragen ein hohes Risiko angesichts der Verhältnisse in ihren Ländern. Auch in China z. B. begehren mutige Einzelne auf für die grundlegenden Rechte, die bei uns im Grundgesetz kodifiziert sind. Erledigt ist unser bürgerlich-liberaler Wertekanon offenkundig nicht. Der couragierte Raif Badawi sieht „die europäischen Länder", deren Praxis er durchaus kritisch zu differenzieren vermag, „für Zivilisation und Humanismus" stehen.[88] Freiheit und Recht bleiben attraktiv, besonders dort, wo Menschen alltäglich das Gegenteil erfahren. Deshalb ist das Grundgesetz Grund genug, sich als deutscher Soldat zu verstehen – und stolz darauf zu sein!

Im „von oben" verweigerten Gespräch über elementare Fragen und Probleme des Dienstes nehmen anscheinend auch jene jungen Offiziere, die sich in dem Sammelband „Armee im Aufbruch" zu Wort gemeldet haben,[89] die *Arroganz der Macht* und ein mit dem kritischen Wort verbundenes persönliches Risiko wahr. Zudem gibt es jenseits der eigentlichen Einsatzthematik Problemfel-

---

[87] Vgl. Tahar Ben Jelloun, Der Islam, der uns Angst macht, Berlin 2015, S. 34.

[88] Vgl. Badawi, aaO, S. 47, auch 56f.

[89] Vgl. Anm. 3. – Die Beiträge des Sammelbandes folgen nicht unisono einer weltanschaulichen Linie. Doch dürfte Ina Wiesner in ihrer Rezension (Große Worte, in: Zur Sache bw 27 [2015], S. 70) den Sachverhalt treffen, wenn sie die politisch minder pointierten Beiträge als „Staffage" charakterisiert, als „naive Kissen, zwischen die fragwürdige Argumente weich gebettet wurden".

der, die tabuisiert scheinen. Beschaffungsskandale stehen für machtarrogantes Verleugnen schwerwiegender Fehlentwicklungen auf oberen Ebenen, dem „unten" freilich oft nicht das nötige Beharren entgegen gesetzt wurde. Solche Erfahrung kränkt jeden, der Verantwortung mittragen soll und Risiko für sich und ihm anvertraute Menschen übernimmt. Gleichwohl drängt sich mir der Eindruck auf, die am Beginn der Karriere stehenden Führungskräfte des Sammelbandes reagierten auf die als arrogant erlebte Diskussionsblockade „von oben" in den fatalen Bahnen des 19. Jahrhunderts – durch Anpassung an autoritäre Gegebenheiten. Ihrer Auffassung nach soll ein Offizier sich von politischen Erwägungen fernhalten und nur militärisch funktionieren. „Professionalisierung statt Politisierung" lautet das Motto, unter dem man das politische Zwielicht flieht.[90]

Da wurde Major Marcel Bohnert, der Initiator des Buches, im Januar 2015 auf „heute.de" gefragt, ob die Aussage des früheren Verteidigungsministers Peter Struck, am Hindukusch werde die Sicherheit Deutschlands verteidigt, für ihn akzeptabel sei. Und er antwortete:

„Ja, denn ich sehe, dass der Wohlstand der deutschen Gesellschaft auch abhängt von der Tatsache, dass in Afghanistan Camps existieren, in denen Terroristen ausgebildet werden, die in der Welt Anschläge verüben. Das kann ich aber keinem Sol-

---

[90] Vgl. Birkhoff, aaO, S. 114ff.

daten sagen, der in Afghanistan direkt vor oder in einem Einsatz steht."[91]

Ich frage: Wieso denn nicht? Wenn schon nicht unmittelbar vor einem gefährlichen Herausfahren aus dem Lager, so sollte der Zusammenhang unserer Freiheit und unseres Wohlstands mit dem globalen Terrorismus den Soldaten an anderer Stelle doch vermittelbar sein! Bohnerts Einlassung, im Einsatz gehe es darum, „meine Kompanie, also 250 Soldaten, heile durch den konkreten Einsatz zu bringen und im besten Fall sicheres Gelände für uns und die Bevölkerung auszuweiten", enthält kein schlüssiges Gegenargument zu politischer und ethischer Bildung, die auch strittige und komplexe Punkte aufgreift – es sei denn, Bohnert wollte seine „Kämpfer" pauschal für geistig minderbemittelt erklären, wozu zumindest nach meiner Erfahrung kein Grund besteht. Beachtlich ist, dass die eher „rechtsgewirkten" Gegner der „politisierten" Inneren Führung bei der ethischen Diskussion der Einsätze mit „linken" Fundamentalpazifisten in der Verweigerung zusammenzutreffen scheinen. Die Extreme berühren sich! Auf der Gegenseite finden sich die Bürger-Soldaten, die um komplexe Fragen differenziert streiten und die Einsätze vor ihr Gewissen ziehen.

Die Bundeswehr ist 60 Jahre alt und stellt sich ganz anders dar als zu Anfang. Vor allem aber: Es

---

[91] http://www.heute.de/buch-armee-im-aufbruch-soldaten-riskieren-bei-auslandseinsaetzen-ihr-leben-und-wollen-dafuer-mehr-anerkennung-36822030.html

ist ganz anders gekommen, als (fast) alle damals für möglich hielten! Festbetoniert geglaubte Feindbilder liegen auf dem Schutthaufen der Geschichte, und leider lässt sich nicht leugnen, dass die „westlichen Hightech-Waffen, mit denen zu Sowjetzeiten afghanische Mudschaheddin ausgerüstet wurden", wenig später „den Lieferanten buchstäblich um die Ohren" geflogen sind.[92] Als Bundeswehr im Einsatz waren wir in Afghanistan dankbar für den Dienst einheimischer Sprachmittler, die in den 1980er-Jahren in der DDR studiert hatten. Einst Inbegriff des Feindes, später unentbehrliche Verbündete: Beschämend – und vielleicht ermutigend im Blick auf manchen unüberwindbar scheinenden Gegensatz heute. Die Bundeswehr ist eine andere Armee geworden, ihr Auftrag ein anderer, Soldaten haben womöglich andere Gründe, Soldat zu werden. Der Grad der Akzeptanz des Auftrags ist definitiv ein anderer. Mit Spaß-und-Action-Kampagnen ist das nicht zu bewältigen.

Das vielen bei uns so selbstverständliche „Nie wieder Krieg!" sei typisch deutsch, meinte vor Jahren ein Pole zu mir, allein schon, weil es bei militärischer Gewalt nicht unterscheide zwischen jener, die Unrecht stützt, und solcher, die Unrecht stürzt. „Nie wieder Krieg!" erspare das genaue Hinsehen bei der eigenen Vergangenheit. Bei Polen oder Israelis heiße die Lehre aus der Geschichte nicht: „Nie wieder Krieg!", sondern: „Nie wieder wehrlos!" Dies offensiv zu diskutieren, gehört m. E. zwin-

---

[92] Vgl. Krone-Schmalz, aaO, S. 51.

gend in die Führungskultur der heutigen deutschen
Armee. Wenn eine gesellschaftlich dominante „pa-
zifistische" Meinung derart historisch durchleuchtet
wird, folgt daraus nicht, „postheroische" Überein-
künfte aufzugeben, vor allem nicht bei der Zurückhaltung im „Opfern" von Soldatenleben (in den
demokratischen Gesellschaften Israels und Polens
gilt das einzelne Soldatenleben sicherlich nicht weniger als bei uns!).

Das *Bündnis* mit westlichen Demokratien halte
ich für ein Geschenk der Geschichte, nachdem der
„deutsche Sonderweg" mehrfach gescheitert ist.
Die deutsche Rolle als Bündnispartner und wirt-
schaftliche Zentralmacht Europas auszuloten, darf
sich – wie Herfried Münkler richtig bemerkt – nicht
aufs Mahnen und Warnen beschränken, sondern
muss die „Überzeugungskraft politischer Argumente" als Motivation gesellschaftlichen Handelns posi-
tiv zum Tragen bringen, mithin ein *bürgerschaftliches*
Tun sein.[93]

Spielen wir einmal mit dem Gedanken an die
100-Jahr-Feier der Bundeswehr im Jahr 2056, so
hoffe ich, über heutige Verantwortungsträger wird
dann nicht gesagt werden: Die sahen nahende
Probleme doch – warum haben sie nicht gehandelt?
Ich hoffe, dann heißt es: Die damals haben eine

---

[93] Vgl. Münkler, Wir sind der Hegemon, in: FAZ vom 21. 8.
2015. Münkler sieht hier denn auch weniger „die Politiker" in
der Pflicht als vielmehr die Intellektuellen, denen es obliegt,
öffentliche Debatten anzustoßen.

Armee gestaltet, die in der freien Gesellschaft ihren Platz hat.

IV. Spartaner

Der Hamburger Politologe Elmar Wiesendahl hat für zwei widerstreitende Grundmodelle soldatischen Selbstverständnisses das Begriffspaar *Athener und Spartaner* geprägt. Während die „Athener" Schule eine vernetzte Sicherheitspolitik in den Vordergrund rücke, den Soldaten als politisch reflektierenden „miles protector" zivilen Akteuren zur Seite stelle und jedem Soldaten die Sinnfrage: „Wofür diene ich?" zugestehe und abverlange, definierten die „Spartaner" den heutigen (und künftigen) Soldaten primär als „Kämpfer" (miles bellicus), der gesellschaftliche Debatten um den Sinn der Militäreinsätze meide, ein „soldatisches" Sonderethos pflege und kämpfe, wo man ihn hinschickt.[94]

---

[94] Vgl. Elmar Wiesendahl, Athen oder Sparta – Bundeswehr quo vadis?, Bremen 2010. – Dass „Sparta" sowohl der militärischen Härte wegen als auch bei der eugenischen Auslese zu den beliebtesten Referenz- und Symbolquellen des „Dritten Reiches" zählte, verdient Beachtung; vgl. Thomas Gann, Im Züchtungswahn? Gottfried Benns „Dorische Welt", in: Karl-Josef Pazzini u. a. (Hgg.), Wahn – Wissen – Institution. Undisziplinierbare Näherungen, Bielefeld 2005, S. 147-172, hier: 149. Genauerem Hinsehen entpuppt sich das antike Sparta freilich als nur „scheinbar historisches Vorbild" zum Zweck symbolischer Legitimation (vgl. Michael Schröders, „Elitebildung" in NS-Ausleseschulen und Ordensburgen; http://www.historisches-centrum.de/forum/schroeders04-1.html). In der Führungskultur-Debatte der Bundeswehr ist

Lässt man beim „Spartaner" alles wohlfeil Heroische beiseite, so zeigt sich eine beklemmende *Verlegenheit*, ja Not in der persönlichen Haltung zu dem existentielles Risiko einschließenden Beruf. Da „der Rückhalt in Politik und Gesellschaft" zu gering und ein „aufgeklärter Verfassungspatriotismus" zur Motivation des Soldaten ungeeignet sei, solle der Kämpferberuf als solcher zur Basis des Selbstverständnisses gemacht werden. Die ethischen Normen verraten eine reine *Binnenperspektive*: „Kameradschaft, Treue, Ehrlichkeit, Tapferkeit und Gehorsam"; letztes berufsethisches Kriterium ist die militärische Effektivität.[95] Der Gemeinschaft Militär geht so die oben im Sinne Martin Bubers beschriebene lebendige Mitte verloren; an die Stelle der inneren Bindung jedes Soldaten an die freiheitliche Grundordnung tritt ein hohler „Kämpfer"-Nimbus, dem „das Soldatische" zum Selbstzweck gerinnt. Die Verbindung untereinander bedient sich einer Rhetorik von „Kameradschaft", die nur mühsam überdeckt, dass lediglich der Mangel an Orientierung eint. Fliehen hier Menschen die Auseinandersetzung um Sinn und Recht ihres Dienens – weil sie diesem tief im Herzen die Sinnhaftigkeit absprechen, für sich aber keine berufliche Alternative kennen? Findet unter den Bedingungen faktischer Kriegseinsätze eine *innere Emigration* der Soldaten statt? Statt als Gemeinschaft, an der der Soldat

---

„Sparta" selbstverständlich wiederum Symbol; die Erinnerung an dessen Gebrauch durch NS-Ideologen ist unerlässlich.
[95] Vgl. Birkhoff, aaO, 115-117.

selbst teilhat, kommt der demokratische Staat als
„ziviler Verwender“ zur Sprache – während Soldaten für sich die depressiv-inhaltslose Definition
„Antibürger“ wählen.[96]

Bestimmt ist der „Spartaner“ längst nicht die
Regel. Dennoch meine ich, jeder einzelne Soldat,
der sich für die Selbstbezeichnung „Spartaner“
entscheidet, klagt Politik, Gesellschaft und insbesondere unser Schulwesen an, gibt hier ein Kind
unserer Verhältnisse doch nicht nur politische Teilhabe auf, sondern ein Stück Selbstachtung. Drückt
die Sehnsucht nach „Kampf“, Hierarchie und klarer Scheidung zwischen „uns“ und „denen“ nicht
genau die *innere Verarmung* junger Menschen aus, die
auch schon Tausende aus dem Westen in die Reihen des „Islamischen Staates“ trieb?

Das Phänomen könnte sich nach Aussetzung
der Wehrpflicht verdichten: Die Sorge steht im
Raum, es kämen künftig in erster Linie solche jungen Menschen, die für sich keine Alternative sehen
und weder radikale Fragen stellen noch „aufmucken“. Der von 1981 bis 2012 an der Münchner
Bundeswehruniversität lehrende Historiker Michael
Wolffsohn hat das Kernproblem der Freiwilligen-

---

[96] Vgl. Böcker, Partisan, aaO, S. 211f. – Der Ausdruck „Verwender“ erinnert mich an eine Anekdote, die mein Vater –
Anfang 1945 mit 17 Jahren in die Wehrmacht gezwungen,
dann in amerikanische Internierung geraten – aus dem Kreis
mitgefangener Kameraden berichtet hat. Das freizügige Gespräch über Berufspläne für „später“ sei von stark NS-geprägten älteren Soldaten abgeblockt worden mit der Bemerkung: „Man wird uns schon irgendwo einsetzen!“

armee, die den Charakter einer gesellschaftlich abgekoppelten *Unterschichtarmee* anzunehmen droht, offen ausgesprochen:

„Zu den Streitkräften kommen, neben wenigen Idealisten, nur oder fast nur diejenigen, die auf dem zivilen Arbeitsmarkt weniger oder keine Möglichkeiten finden. […] Wir wissen, dass diese Menschen in der Regel perspektivlos und deshalb gegen ‚das System‘ verführbar sind – zum Beispiel für extremistische, meist rechtsextremistische Ideologien. […] Statt arbeitslos zu werden, lassen sich die ärmeren Bevölkerungsschichten unseres Landes als Soldaten anwerben. Historisch betrachtet, ist das ein Rückfall in vormoderne Zeiten, als die Ärmsten der Armen als Soldaten geworben, meist zwangsgeworben und im wahrsten Sinne des Wortes ‚gefasst‘ bzw. ‚gepresst‘ wurden – weil sie arm waren.“[97]

In dieser gesellschaftlich brisanten, bewusst zugespitzten Problemanzeige formuliert Wolffsohn zugleich eine *seelsorgerische Herausforderung*, die m. E. stärkeres kirchliches Interesse verdiente: Militärpfarrer leisten Basisarbeit an Menschen, denen *soziale Deklassierung* nicht nur feine Theorie ist. Wir haben es mit einer anderen Klientel zu tun als die überwiegend bildungsbürgerlich saturierten kirchlichen Friedenskreise. Ohne es statistisch untermauern zu können, scheint mir auffällig, dass junge

---

[97] Michael Wolffsohn, Die Bundeswehr: Rechts und prekär? Ein (welt)historischer Rahmen, in: Böcker / Kempf / Springer, aaO, S. 157-168, hier: 166f.

Offiziere häufig aus Familien stammen, in denen
ziviles Studieren nicht üblich ist. Die Wahl der soldatischen Laufbahn bedeutet hier gegenüber zivilen
Standards einen sozialen Quantensprung. Hintergrund ist auch die Alimentierung studierender Offiziere; diese liegt deutlich über der finanziellen Förderung ziviler Studenten, ist freilich mit Weiterver-
pflichtungen verbunden.[98]

Gerade in diesem Horizont muss es Aufgabe
des Militärpfarrers sein, Individuen zu stärken bzw.
den Einzelnen sein *kritisches Potenzial* erst entdecken
zu lassen. Es ist nicht nur der von Wolffsohn ange-
sprochenen Verführbarkeit gegen „das System" zu
wehren, sondern auch einer *falschen Loyalität*, die
weniger dem demokratischen Rechtsstaat als dem
militärischen Gefüge gilt und den Bürgersinn konterkariert. Die „Spartaner"-Selbststilisierung kann
erfahrene bürgerliche Kränkungen spiegeln. Man
gibt sich betont antibürgerlich und will Elite des
„Dienens" sein abseits gesellschaftlicher Leistungs-
kriterien: „Baudissins Thema, die Spannung zwischen Bürgerrechten und Gehorsam, wäre zuguns-
ten des Gehorsams entschieden".[99] Dies impliziert
ethische Selbstreduktion und auch *Distanzierung vom
geleisteten Eid*, der Treue als hohe ethische Leistung
und eben nicht blinden Gehorsam verspricht.

---

[98] Schon die „alte Bundeswehr" vor 1990 hatte soziologisch
den Charakter einer Aufsteigerorganisation; vgl. Kutz, aaO, S.
212.

[99] Vgl. Böcker, Partisan, aaO, S. 212.

Spürbar ist das Verlangen nach Nestwärme, nach Aufgehobensein in der Gruppe, zugleich die Scheu vor dem kalten Wind des demokratischen Streits. Der Diskurs im Offizierskorps habe sich „auf seinen militärischen Nutzen" zu beschränken, greife er zu weit aus, führe das „zwangsläufig zur Zerreibung des so dringend benötigten Esprit de Corps".[100] Deshalb dürfe das Offizierskorps keinesfalls „Spiegel der Gesellschaft" sein, wo sich „Defätisten, radikale Hedonisten und arrogante Selbstdarsteller" tummelten, allesamt „völlig inkompatibel mit einer professionellen militärischen Führungskultur". Die militärische Führerriege brauche „Geschlossenheit", sei eine „Gemeinschaft mit abweichenden Werten und Normen, welche sich bewusst von der Gesellschaft abgrenzt"; ein „professionelles" Offizierskorps besitze „starke innere Erziehungskraft", passe seine Mitglieder „an Normen und Werte an und verdrängt jene, die diesen nicht entsprechen wollen". Scheint zwischen den Zeilen als Angstgegner die *Individualität* auf? Wird beargwöhnt, abgelehnt – und womöglich beneidet – der selbständige, zur autonomen Distanz fähige Einzelne? Der offenkundige Umstand, dass die Prosperität jeder Gemeinschaft sich kritischen Einzelnen verdankt, wird jedenfalls nicht gewürdigt. Man fordert gegen „falsch verstandene Toleranz" die „Aussiebung unmotivierten Personals"; eine „mentale Revolution" soll heute vorhandene „schon ins Subversive abgleitende" Haltungen be-

---

[100] Vgl. Birkhoff, aaO, S. 118f.

kämpfen und „Unterwanderung" abwehren.[101] Im Streben nach mit autoritärem Durchgreifen verwirklichter *Gruppenkohärenz* klingt unüberhörbar der „gewaltträchtige, terroristische Kern des Egalitarismus" an.[102] Die in der Inneren Führung zentralen *zivilen* Elemente werden verworfen. „Disziplin" soll dann nicht mehr heißen: Sachbezogen streitbar bleiben, sondern in schlechter alter Gewohnheit: Den Mund halten und „Zusammenreißen".

Die demokratische Gesellschaft hat Stellung zu nehmen, ob sie sich von Menschen, die als Kämpfer „Antibürger in Uniform" sein wollen und die hermetische Lebensweise der Kaste oder des Ordens suchen,[103] verteidigen lassen möchte – oder ob sie ihre Streitkräfte nicht als *Subsystem der Demokratie* verstehen will, innerhalb dessen jenes Menschenbild herrscht, das nach außen geschützt werden soll. Angesichts bewaffneter „Antibürger" erhebt sich zudem die Frage nach der Loyalität solcher Streitkräfte, wird der Bürgerstaat doch lediglich als „ziviler Verwender" der Soldaten gesehen, während die innere Identifikation mit dessen Grundwerten nicht (zwingend) gegeben zu sein scheint.[104]

---

[101] Vgl. aaO, S. 119-124.

[102] Vgl. Aly, aaO, S. 288.

[103] Vgl. Böcker, Partisan, aaO, S. 211.

[104] Vgl. aaO, S. 212. – Jeder Bürger, der für die „Bürgerarmee" votiert, ist gefordert, in seinem Verantwortungsbereich das Nötige zu tun, damit zur Realisierung des „Staatsbürgers in Uniform" geeignete Soldatinnen und Soldaten rekrutiert werden können und der Pauschalvorwurf der „Dekadenz" und des „Hedonismus" gegen unsere Gesellschaft Lügen

Handelt es sich hier um eine Minderheit junger Soldaten, deren Berufsbild noch in Fluss sein dürfte, so sehe ich eine gefährlichere Infragestellung der Inneren Führung bei manchem älteren Offizier, der vor 1990 in „eine andere Bundeswehr" eingetreten ist und die „Geschäftsbedingungen" der globalen Interventionsarmee innerlich nicht akzeptiert.[105] Wie weit inneres Fremdeln mit den neuen Aufgabenstellungen die Atmosphäre bestimmt und zu einer *technokratisch geprägten Dienstauffassung* in „oberen" Rängen beiträgt, lässt sich statistisch kaum sagen; auch hat jeder Soldat seine eigene Berufsbiografie und seine eigene Motivation. Meine regelmäßigen Erfahrungen als Referent in der Einsatzvorbereitung verdeutlichen den schwierigen Aspekt.

---

gestraft wird. Das Thema „Verteidigung von Menschenrechten und Demokratie im globalen Horizont" verlangt insbesondere im schulischen Rahmen nach offensiverer Behandlung, freilich im Sinne eines vernetzten Ansatzes, bei dem militärisches Handeln ein Aspekt unter mehreren ist und die „Kultur der Zurückhaltung" gewahrt bleibt (vgl. Rose, Offizier, aaO, S. 211). Zu fragen ist, weshalb die Innere Führung – eine wesentliche „Lehre" aus der NS-Vergangenheit – in der Nachwuchswerbung der Bundeswehr nicht breiteren Raum bekommt.

[105] Der Analyse bei Wiesendahl, Weg, aaO, S. 18, wonach die Infragestellung der Inneren Führung maßgeblich von den „neueren Unteroffiziers- und Offiziersjahrgänge[n], alles Kinder der neuen Einsatzarmee" und durch eine „Feldlager-Subkultur" geprägt, ausgehe, widerspreche ich auf Basis meiner eigenen Erfahrung. Immerhin sind die jüngeren Soldaten bewusst in die Einsatzarmee eingetreten und konnten der gesellschaftlichen Debatte kritisch folgen, bevor sie sich selbst verpflichteten.

Das von mir vorgestellte Thema „Umgang mit Tod und Verwundung" führt zum Knackpunkt der *eigenen Gründe*. Die Sterblichkeit des individuellen Lebens verlangt nach meiner Überzeugung die persönliche Prüfung, wofür das eigene Leben riskiert und wofür unterstellte Soldaten in gefährliche Situationen geschickt werden dürfen. Dies ist Implikat der Menschenwürde und Selbstachtung, die zu dem von der Bundeswehr verteidigten – daher auch nach innen gelebten – Menschenbild gehören. Die Mehrzahl der jüngeren Soldaten reagiert in der Regel aufgeschlossen; Widerwille meldet sich jedoch nicht selten bei solchen, die seinerzeit unter anderen Voraussetzungen Berufssoldat geworden sind.

Ohne pauschalisieren zu wollen, registriere ich bei manchem älteren, im Rang höheren Soldaten eine „Professionalität", die dem durch die Jungoffiziere von „Armee im Aufbruch" umrissenen Korpsgeist nahe kommt. Hier deckelt das Beschwören eines „großen Ganzen", dem sich der Einzelne unterzuordnen habe, die mit den Einsätzen verbundenen ethischen Anfragen an das persönliche Gewissen. Die Einsätze werden zur schicksalhaften Aufgabe einer verschworenen Gemeinschaft.

Die Aussage „Innere Führung und Einsätze vertragen sich nicht" bekommt da schon Sinn: Individuelle Gewissenserforschung machte es wohl manchem, der innerlich im (scheinbar) klarer definierten Verteidigungsauftrag des Kalten Krieges verharrt, unmöglich, Soldat zu bleiben. Jener Stabsoffizier, den die ethisch provozierende Predigt vor dem Gelöbnis so verärgert hatte, beschrieb mir seine Motivation, Dienst zu tun und in den Einsatz zu gehen, teils technizistisch – es gehe um die handwerklich möglichst gute Ausübung von Erlerntem –, teils unter dem Aspekt der Kameradschaft – er wolle diejenigen unterstützen, die mit in den Einsatz gehen; im Übrigen habe der Bundestag das alles beschlossen, da sollte kein Soldat nachgrübeln.

Nicht zu übersehen ist, dass die innere Emigration der Soldaten in „Professionalität“ und in das Prinzip „Befehl und Gehorsam“ die Truppe *pflegeleicht* macht. Schließlich erspart eine nur äußerliche Loyalität den politischen Entscheidern manche Nachfrage. Der Wandel der Bundeswehr zur Interventionsarmee widerspricht der Inneren Führung zwar in der Sache nicht zwingend. Jedoch verlangt die Innere Führung nach „Werbung“ für den Einsatzzweck und nach offener Diskussion, wobei die Qualität politischer Entscheidungen durch intensive inhaltliche Auseinandersetzung nur gewinnen kann – gerade, wenn Erfahrungen einsatzbewährter Soldaten einfließen – und die Neigung manchen Politikers, militärischen Schritten allzu schnell zuzustimmen, auf diese Weise „eingehegt“ werden dürfte. Eine „Profi-Armee“, die keine politische und ethische Rechtfertigung verlangt – mithin auch keine gesellschaftlich unangenehmen Fragen stellt –, sondern nur Stolz entwickelt auf ihr technisch-soldatisches Können und allenfalls öffentliche Huldigung ihres Kämpfertums einfordert, ist einfacher zu handhaben als eine Truppe kritisch nachfragender Staatsbürger.[106]

Keineswegs lässt sich pauschal sagen, es fehle innerhalb der Bundeswehr an *ethischer Sensibilität*. Das Gewissen ist durchaus in den Kasernen präsent: Rekruten reagieren mit spürbarer Betroffenheit auf einen Erfahrungsbericht aus dem Einsatz, der schildert, dass deutsche Patrouillen – aus leider recht gewichtigen taktischen Erwägungen – in der Regel nicht eingreifen, sollten sie einer Steinigung gewahr werden. Sie stellen im Unterricht Fragen nach ethischen Motiven der Taliban oder nach den Gründen, die um ihr Auskommen gebrachte Fischer zu Piraten werden lassen. Im Einsatz habe ich mehrere Soldaten – weit gestreuten Alters und in verschiedenen Dienstgradgruppen – erlebt, die im Angesicht der durch Massenkündigung prekär gewordenen Lage der afghanischen „locals" *Mitgefühl und Hilfsbereitschaft* zeigten, teilweise über das formal Erlaubte hinaus. Beeindruckend erlebte ich Ange-

---

[106] Wiesendahl, Weg, aaO, S. 22, präsentierte 2011 einen Befund, der noch immer aufhorchen lässt: „Bezeichnenderweise ist keine offizielle Äußerung gefallen, keine richtungsweisende Rede des Verteidigungsministers zu vermelden, mit denen dem Vordringen der Kämpferideologie in der Bundeswehr Einhalt geboten wurde. Auch fehlt jedes Wort, ob nun vom Verteidigungsminister, dem Generalinspekteur oder selbst vom Wehrbeauftragten, das, über das Floskelhafte hinaus, den demokratischen Wertbezug der Leitkultur der Bundeswehr hervorkehrt und außer Zweifel stellt, dass jeder Einsatz, alles Kämpfen, sich nur durch die im Grundgesetz verankerten Grundwerte rechtfertigen lassen."

hörige des Transportzugs aus dem Vorgängerkontingent, die sich – nach vier Monaten täglicher Gefahr im Kabuler Stadtverkehr – über die Zufallsbegegnung mit einem aufgeweckt-frechen afghanischen Jungen freuten. Dieweil schien ein höherer Offizier sein Gewissen zu betäuben, indem er wiederholt *herabwürdigende Gemeinplätze* über die vermeintlich unzuverlässigen Afghanen hinausposaunte. Bezeichnender Weise wird das üble Stereotyp, einen Afghanen könne man „nicht kaufen, nur mieten", auch in der lesenswerten Reportage von Jonathan Schnitt aus dem Mund eines Offiziers überliefert.[107] Dies gemahnt an Baudissins humanitäre Maxime: „Der Soldat, der keine Achtung vor dem Mitmenschen hat – und auch der Feind ist sein Mitmensch –, ist weder als Vorgesetzter noch als Kamerad oder Mitbürger erträglich."[108] Hier war es ja noch nicht einmal um „den Feind" gegangen, sondern um Verbündete.

Pauschale Abwertung Fremder spiegelt *latente Unzufriedenheit* mit der eigenen, moralisch ungeklärten Rolle. Manches im Alltag der Bundeswehr kommt dem Phänomen des „Wendehalses" nahe, womit ich nicht vorrangig jene Kameraden meine, die ihren Weg als Berufssoldat noch in der DDR begonnen haben und denen nicht an der Wiege gesungen war, im Bündnis mit den Amerikanern global zu operieren. Jeder, der aus Gründen der

---

[107] Vgl. Jonathan Schnitt, Foxtrott 4. Sechs Monate mit deutschen Soldaten in Afghanistan, München 2012, S. 200.
[108] Handbuch Innere Führung 1957, S. 64.

Laufbahn einen Dienst tut, der nicht eigener Überzeugung entspringt, ist letztlich ein „Mietling" und – in böser Tradition stehend – „Gefangener der Befehle".

Wie schlägt sich *Einsatzerfahrung* tatsächlich in der Mentalität der Soldaten nieder? Empirisch fundiert besehen, ist die Auswirkung der Einsätze auf Berufsbild und Berufszufriedenheit weniger gravierend, als zu vermuten wäre. Dass sich das Selbstbild der Bundeswehrsoldaten durch Einsatzerfahrung allgemein dem Muster des spartanischen Kriegers annähere,[109] lässt sich nicht halten.

Eine empirisch-soziologische Studie des Zentrums Militärgeschichte und Sozialwissenschaften in Potsdam an ISAF-Soldaten des Jahres 2010 bringt hohe *Unzufriedenheit* mit dem Dienstalltag ans Licht. Das Fazit lautet jedoch: „Selbst längere Auslandseinsätze belasten die Soldaten dienstlich viel geringer als etwa das schlechte Betriebsklima." Und: „Es ist fast paradox, dass gerade die Gefechtserfahrenen zwar häufiger von seelischen Belastungen sprechen, dafür aber die Bürokratie des Dienstalltags zu Hause verantwortlich machen."[110]

Das bestätigt die ausführliche Soldatenbefragung von 2013, die die Einstellung von Soldaten der verschiedenen Dienstgradgruppen zur Inneren

---

[109] So Böcker, Athen, aaO, S. 233.

[110] Vgl. Gerald Wagner, Generation Einsatz wird befragt, in: FAZ vom 31. 12. 2014; insgesamt dazu: Angelika Dörfler-Dierken, Robert Kramer: Innere Führung in Zahlen. Streitkräftebefragung 2013, Berlin 2014.

Führung untersucht hat. Die Studie legt sogar die These nahe, dass Soldaten, die nicht nur einsatz-, sondern gefechtserfahren sind, der Aussage „Soldaten sind mehr Kämpfer als Helfer" kritischer gegenüberstehen als solche Kameraden, die den Kampf nur vom Hörensagen kennen. Angelika Dörfler-Dierken und Philipp Heinrich konstatieren, dass „wer den Kampf kennt, sein Selbstbild nicht vom Kampf her bestimmt sein lassen will." Beachtlich ist außerdem, dass bei Mannschaftssoldaten – denen, die in der Hierarchie unten sind und im Einsatz überproportional oft die „Schlammzone" erleben – auf Grund von Einsatzerfahrung die Definition des Soldatenberufs über „Befehl und Gehorsam" signifikant abnimmt. Nach dem Einsatz gewichtet immerhin jeder zehnte Mannschaftler „Befehl und Gehorsam" niedriger, was zumindest nicht gegen die *Einsatztauglichkeit* der Prinzipien der Inneren Führung spricht.[111]

Ich erlaube mir, die Frage in den Raum zu stellen, wo sich die Offiziersausbildung der Bundeswehr im Spektrum „Athen – Sparta" realistisch

---

[111] Vgl. Angelika Dörfler-Dierken/Philipp Heinrich, Der „strategische Gefreite". Mannschaften und die Herausforderungen der Inneren Führung, in: Uwe Hartmann, Claus von Rosen (Hgg.), Jahrbuch Innere Führung 2015, Berlin 2015, S. 149-190. – Die Innere Führung vor der Einsatzrealität als untaugliche „Kopfgeburt" darzustellen (vgl. Böcker, Athen, aaO, S. 225), geht nicht allein an der differenzierten Realität der Bundeswehr vorbei, sondern ignoriert, dass die Väter der Inneren Führung allesamt kriegsgediente Offiziere waren.

74

verorten lässt. Ist die „Professionalisierungs"-Forderung der Jungoffiziere mit ihrer Tendenz zum Unbürgerlichen im Kosmos „Bundeswehr" ganz und gar ein Fremdkörper? Verpflichtet sich soldatische Erziehung umfassend der Unterscheidung zwischen unterwürfigem Gehorsam, den auch ein Hund zu leisten im Stande wäre, und der hohen ethischen Qualität persönlicher Treue?[112] Ist die Innere Führung, offizielle Bekenntnisse bewahrheitend, *normative Leitkultur* jeder militärischen Sozialisation statt nur ein Lerninhalt unter vielen anderen? Oder findet sich im Pamphlet der jungen Offiziere die Wirklichkeit der Bundeswehr nur zur Kenntlichkeit entstellt?

Jedoch fragt sich auch, ob der Gesellschaft bewusst ist, dass sie genau *die* Armee bekommen wird, die sie sich durch Interesse oder Desinteresse verdient. Welche Resonanz fand es, als Jürgen Ruwe, ehedem stellvertretender Inspekteur des Heeres, im Jahr 2007 das Folgende kritisch anmerkte?

---

[112] Befremdlich kann die – sicherlich nicht zu verallgemeinernde – Erfahrung sein, den Unterschied zwischen „unbedingtem Gehorsam" und „treuem Dienen" in kurzem zeitlichen Abstand mit Teilnehmern der Grundausbildung und mit jungen Offizieren zu diskutieren. Während die Rekruten engagiert die unterschiedlichen ethischen Qualitäten herausarbeiteten, trat bei den Offizieren die Neigung hervor, die Frage zur semantischen Petitesse abzuwerten; spürbarer Weise sollte der Gewissensvorbehalt des treuen Dienens nicht den Gehorsam schmälern, auf den „der Offizier Anspruch" habe.

„Wenn sich Kritiklosigkeit und Anpassertum weiter ausbreiten, dürfen wir uns nicht wundern, wenn die militärische Führung an Autorität und Ansehen verliert. Wir beklagen häufig, dass die Generalität der Wehrmacht – von den bekannten wenigen Ausnahmen abgesehen – dem Machtstreben, den Verbrechen und unsinnigen militärischen Führungsentscheidungen Hitlers nicht genügend entgegengetreten ist. Erziehen wir unsere hohen Offiziere so, dass sie in vergleichbarer Lage couragierter gehandelt hätten? Die Antwort ist ein klares Nein."[113]

Genauso ernüchternd klingt, was ein Oberstleutnant mit Erfahrung im Kommando Spezialkräfte, den ich in Afghanistan kennenlernte, mir 2013 geschrieben hat: „Dass Vorgesetzte und auch Politiker immer nur ‚alles in Ordnung' hören wollen, kann ich bestätigen. Heute haben viele gar nicht mehr den Mut, Kontra zu geben, da die Karriere beendet sein könnte."

Was im Wirtschaftsleben gilt, bestätigt sich beim Militär: *Hierarchien*, zumal solche, in denen offene Kritik verpönt ist und „entdeckte" Fehler Beschämung und Strafe nach sich ziehen, begünstigen das Aufkommen von Fehlern! Denn Fehler schleichen sich mitnichten „irgendwo" ein, sondern haben ihre Ursache in mangelnder Kooperation der unterschiedlichen Ebenen. Baudissins Ansatz, den Alltag der Bundeswehr zu „entmilitarisieren" – sprich: das

---

[113]http://www.juergenruwe.de/klartext/befehlundgehorsam.html

„bürgerschaftliche" Element des Mitdenkens und Kritisierens zu stärken – findet sich in der ökonomischen Führungstheorie bestätigt. Dem Gesamtgefüge kommt „ein offenes, faktenorientiertes Fehlermanagement, das niemanden in Verlegenheit bringt", aber auch Vorgesetzte nicht ausspart, spürbar zu Gute.[114] Wo Soldaten hingegen „Antibürger" sein wollen und durch ein betont „soldatisches" Selbstbild hierarchische Muster verfestigen, markiert dies auch den Rückzug aus individueller Mitverantwortung.

Wer nur im Kameradenkreis nörgelt oder beim Pfarrer Missstände beklagt, ohne seine Kritik an dienstlich relevanter Stelle vorzubringen, verhält sich im Schema des *Homo Sovieticus*. Als serviler Blender übt er duldend-opportunistische Komplizenschaft mit Verhältnissen, die zu ändern wären, bliebe die offene Kritik nicht aus. Als Militärseelsorger fungiere ich nur ungern als Ventil für un-

---

[114] Vgl. Jan Hagen, Hierarchien begünstigen Fehler, in: FAZ vom 3. 8. 2015. Beachtlich – und auf Erfahrungen der Bundeswehr durchaus übertragbar – ist die in dem Artikel zitierte Studie aus der Luftfahrt der 1980er-Jahre, der zufolge „bei mehr als 80 Prozent der Flugunfälle der Kapitän der fliegende Pilot gewesen war"; die Crux lag „im hierarchischen Gefälle": „Kapitäne hatten Fehler oder Fehlentscheidungen ihrer Copiloten stets ohne weiteres korrigiert, umgekehrt war es ungleich schwieriger, wenn nicht unmöglich gewesen". Als Konsequenz wurden „die sogenannten Soft Skills wie Kommunikation und moderne Führungsmethoden" stärker trainiert, was die Kapitäne zunächst „als Bedrohung ihrer Autorität und Entscheidungsmacht" empfanden, aber die Zahl der Fehlentscheidungen im Cockpit signifikant reduzierte.

produktiv verpuffenden Leidensdruck. Tröstender Beistand bin ich in Leidsituationen, die jenseits menschlicher Handlungsmöglichkeiten liegen: Wenn ein Angehöriger stirbt oder ein Soldat durch bestimmte Erlebnisse des Einsatzes belastet ist. Wo aber – mit ein wenig Courage – Möglichkeiten zur Abhilfe bestehen, möchte ich nicht „beruhigen", geschweige denn einladen, „abzuschalten" oder „sich fallen zu lassen", sondern Soldaten stärken, berechtigte Kritik offensiv vorzubringen. Zu oft habe ich an verschiedenen Standorten erlebt, dass sogar Offiziere im Schutz der Diskretion dienstliche Missstände schilderten; mein Vorschlag, mit dem Vorgesetzten ein sachbezogenes Sechs-Augen-Gespräch zu vereinbaren, brachte das Klagen dann meist zum Erliegen: „Angst spricht nicht, Angst herrscht."[115] Erlebt habe ich auch, dass Vorgesetzte, denen ich belastende Sachverhalte anonymisiert darlegte, herrschaftlich-barsch dem Impuls folgten, die „undichte Stelle" stopfen zu wollen: „Wer hat das gesagt?" Wird so der Opportunismus im Blick auf Beurteilung und Karriere nicht regelrecht kultiviert?

Das evangelische Verständnis von Persönlichkeit hat der Theologe Wilhelm Stählin in einer Predigt umrissen: „Ein jeder ist das, was er geworden ist, durch die Kämpfe, die er bestanden hat."[116] Ist hingegen Konfliktvermeidung oberste Maxime,

---

[115] Martin Saar, Fragen über Fragen, in: Die Zeit 36/2015.

[116] Wilhelm Stählin, Dein Wort ist deiner Kirche Schutz, Göttingen 1934, S. 154.

reifen jene streitbaren Führungspersönlichkeiten nicht, die unsere Armee – wie unsere Demokratie insgesamt – dringend benötigt.

Auf den Aspekt der *persönlichen Entwicklung jedes Soldaten*, der zum biblisch geprägten,[117] der offenen Gesellschaft gemäßen Menschenbild wesentlich gehört, möchte ich noch eingehen. Das wohl abschreckendste Beispiel liefert eine Vereidigungsansprache des damaligen nebenamtlichen Standortpfarrers Hermann Kunst aus dem Jahr 1935, die Ausdruck eines zutiefst inhumanen Verständnisses vom Soldaten und zugleich Muster für die Assistenz der Militärseelsorge im totalitären Staat ist:

„Ihr fällt in dieser Stunde eine Lebensentscheidung. Ihr seid bis an euer Lebensende keine Privatpersonen, sondern eine dem Führer des Volkes verschworene Kampfgemeinschaft. Keine Überlegung, kein Reiferwerden entbindet euch von eurem Eid. Das sage ich euch nicht als irgendeine Meinung, das sage ich euch als ein berufener Diener am Wort. Es ist die klare Lehre der Heiligen Schrift, dass schon die leichtsinnige Behandlung des Eides an Gotteslästerung grenzt.“[118]

Wo Kunst im historischen Rahmen der Wehrmacht jeder persönlichen Entwicklung die Relevanz abspricht, verlangt das christliche wie humanisti-

---

[117] Man lese die Erwägungen des Paulus in 1. Korinther 13,11.

[118] Lange, aaO, S. 317. – Hermann Kunst (1907-1999) war von 1950 bis 1977 Bevollmächtigter der Rates der EKD bei der Bundesregierung und von 1957 bis 1972 im Nebenamt evangelischer Militärbischof für die Bundeswehr.

sche Menschenbild ausdrücklich, das Reiferwerden nicht nur zuzulassen, sondern es zu fördern. Es wäre ein *seelisches Krankheitssymptom*, stellte ein 28-Jähriger nicht andere ethische Fragen als ein 18-Jähriger! Ein gereifter Mensch, womöglich mit gewachsener familiärer Verantwortung, sieht kritische Dinge – hoffentlich! – anders als ein noch kindliche Züge tragender Heranwachsender; nicht aus Willkür verleiht unser Staat politische Rechte erst sukzessive mit zunehmendem Lebensalter.[119]

Bei der Bundeswehr ist in diesem Kontext kritisch zu beachten, dass sich *Minderjährige* – Mindestalter: 17 Jahre – freiwillig als Soldaten verpflichten können. Auch wenn alle, die in den Einsatz geschickt werden, volljährig sind, haben sich die betreffenden Menschen doch per Unterschrift – unter Einwilligung der Eltern – in einem Alter prinzipiell zu Auslandseinsätzen bereit erklärt, in dem sie die vollen politischen Rechte des Staatsbürgers nicht besaßen und weitreichenden Jugendschutzbestimmungen unterlagen, z. B. bestimmte „gefährdende" Filme nicht ansehen durften.[120] Ich habe die Frage des Reiferwerdens im Lebenskundlichen Unterricht intensiv mit jungen Soldaten, von denen mehrere

---

[119] Vgl. dazu: Evangelische Seelsorge in der Bundeswehr (Hg.), Soldatinnen und Soldaten in christlicher Perspektive. 20 Thesen im Anschluss an das Leitbild des Gerechten Friedens, Berlin 2013, wo in These 17 die „Verantwortung für die eigene Persönlichkeitsentwicklung" eingefordert wird.

[120] http://bundeswehr-lexikon.de/arbeitgeber-bundeswehr/das-mindestalter/

als 17-Jährige eingetreten waren, diskutiert. Durchgängig wurde die damalige Motivation, Soldat zu werden, als *naiv* beschrieben; heute sehe man „das Soldatische" insgesamt und speziell den Umgang mit Waffen kritischer. Keiner der Betroffenen stellte seine Verpflichtung, die häufig in familiärer Tradition wurzelte, im Nachhinein völlig in Frage, mehrere problematisierten aber die ungenügende Behandlung ethischer Problempunkte in der Werbung sowie in der Grundausbildung.

Gerade im Sinne des „Reifens" ist die Verknüpfung von soldatischem Berufsalltag und *politischem Engagement* eine gute Sache. An „meinen" Standorten gibt es mehrere Soldaten, die zu ehrenamtlichen Ortsbürgermeistern gewählt wurden, anderweitig in Parteien oder Jugendorganisationen, im Schulelternbeirat oder Vereinen aktiv sind. Ein paar Soldaten arbeiten auch in zivilkirchlichen Gremien mit. Das bedeutet *Integration* von Bundeswehr und Gesellschaft, denn so werden Persönlichkeiten in ihrer (auch) militärischen Prägung gesellschaftlich sicht- und achtbar. Schließlich ist jede Polarisierung zwischen politisch-ethischer Bildung und militärisch-fachlicher Kompetenz verfehlt. Mir scheint es weder unrealistisch noch überzogen, von jedem, der professionell der äußeren Sicherheit des Staates dient, Reflexion über ethische Grundlagen und Grenzen seines Tuns zu erwarten.[121] Umgekehrt ist

---

[121] Vgl. kritisch Böcker, Athen, aaO, S. 233f, der in dem für einen erwachsenen Staatsbürger m. E. Selbstverständlichen –

jener „Soldat, der zwar ein hochreflektiertes Wertefundament hat und im staatsbürgerlichen Unterricht glänzen kann, aber keine militärische Professionalität besitzt", in der Tat nichts als „Karikatur".[122] Der gefährlichste Kurzschluss läge sicherlich darin, im Fehlen eines Wertefundaments bereits die Garantie „kämpferischer" Tüchtigkeit zu sehen.

Die neuerdings verschärfte *Isolierung der Offiziersausbildung* von der übrigen Truppe ist als belastender Faktor wahrzunehmen. Junge Offiziere, die bis dahin kaum Berührung mit Soldaten unterer Dienstgradgruppen hatten, sollen „führen". Als Seelsorger weiß ich um damit verbundene Ängste – die nicht sein müssten, folgte die Sozialisation der Offiziere einem anderen Muster. Resultat solcher Ängste kann übertrieben schneidiges Auftreten sein, wodurch Abneigung und Knirschen im Getriebe nur verschlimmert werden. Anscheinend wurde wenig daraus gelernt, dass eine der größten Führungskrisen der deutschen Militärgeschichte, die Matrosenbewegung des Jahres 1917, auf überforderte, von Dünkel getriebene junge Offiziere zurückging. Dabei liegt der Bendlerblock, die Berliner Zentrale des Verteidigungsministeriums, doch am Reichpietschufer – benannt nach einer der zen-

---

der eigenverantwortlichen Prüfung seines Handelns – Merkmale einer elitären „Wächterkaste" sieht.

[122] Vgl. Gerber, aaO, S. 60.

tralen Persönlichkeiten des seinerzeitigen Aufstands in der Marine.[123]

In der Krise der Inneren Führung scheint die Kerngefahr erreicht zu sein, die die *Aussetzung der Wehrpflicht* für die Mentalität einer Armee mit sich bringt: Ist unter den Bedingungen der allgemeinen Wehrpflicht die Armee ein Subsystem der Gesellschaft – im Sinne der Französischen Revolution verteidigt der souveräne Bürger sein Gemeinwesen –, so läuft das Militär jetzt Gefahr, zu einem geschlossenen Kosmos mit eigenen Regeln zu werden. Elmar Wiesendahl bewertet die Aussetzung der Wehrpflicht als „folgenreichsten Meilenschritt nach Sparta".[124] Wehrpflicht und Präsenz von Reservisten stärken die innere *Diskussionskultur*, nicht zuletzt durch den größeren Anteil solcher, die von einer militärischen Karriere nicht ökonomisch abhängen.

Als Gegenbild nenne ich Israel, den westlich strukturierten Staat mit der engsten Verzahnung von Gesellschaft und Militär und dem stärksten Einfluss von Reservisten auf das Gesamtklima der Armee. Nicht zufällig hat der in Israel militärisch sozialisierte Michael Wolffsohn auf Milieuprobleme des Bundeswehrnachwuchses und die Gefahr eines „Rückfalls in vormoderne Zeiten" hingewiesen. In

---

[123] Vgl. Christoph Regulski, „Lieber für die Ideale erschossen werden, als für die sogenannte Ehre fallen." Albin Köbis, Max Reichpietsch und die deutsche Matrosenbewegung 1917, Wiesbaden 2014.

[124] Vgl. Wiesendahl, Weg, aaO, S. 23.

diversen Berichten über die israelischen Streitkräfte fällt auf: In Israel trauen sich Soldaten mit kritischer Haltung gegenüber militärpolitischen Grundentscheidungen an die Öffentlichkeit, und sie sind nicht wenige.[125] Das heißt: Obwohl das Land seit Jahrzehnten in existenziell bedrohter Lage und auf militärische Verteidigung angewiesen ist, gibt es dort im Militär Menschen in nennenswerter Zahl, die ihrem wachen Gewissen öffentlich Ausdruck geben, zum Nachteil ihres „Gehorsams".

Ich will mich inhaltlich zu den innerisraelischen Auseinandersetzungen hier nicht positionieren, sage insbesondere nicht, die kritischen Stimmen seien alle im Recht. Aber ich bin beeindruckt durch ihr Vorhandensein, weil ich darin unter schwierigsten Bedingungen funktionierende demokratische Regeln sehe. In Israel ist auf Grund der langen Wehrpflicht- und Reservedienstzeiten die Breite des gesellschaftlichen Spektrums in der Armee präsent, somit auch die Kritischen.[126]

---

[125] Die Medienberichte über kritische Äußerungen aus der israelischen Armee heraus sind Legion; mir liegen beim Abfassen dieses Textes Artikel der FAZ vom 13. 9. 2014 und vom 5. 5. 2015 vor.

[126] Zur demokratischen Streitkultur Israels gehört auch, dass der pensionierte Spitzendiplomat Avi Primor die historische Entwicklung der Armee seines Landes – von den Milizstrukturen der Untergrundbewegungen hin zur „klassischen" Militärorganisation britischen Vorbilds – hinterfragt: „Die Armee, die sich aus den Untergrundorganisationen entwickelt und im Unabhängigkeitskrieg gekämpft hatte, hatte sich bewährt und funktionierte nicht auf Basis blinder Disziplin, sondern beruh-

84

Jeder kann in der grundsätzlich demokratiekonformen Ordnung der Bundeswehr zu einer bürgerschaftlichen, „athenischen" Führungskultur beitragen: Indem er eigene Entscheidungen transparent darlegt und von Vorgesetzten Transparenz einfordert, zur freien Diskussion über Sinn und Ziel des konkreten Dienstes einlädt, ein möglichst unbefangenes Fehlermanagement pflegt, Unterstellten in kritischen Situationen den Rücken stärkt, ihren Gewissensfreiraum achtet, Probleme unbeschönigt nach „oben" meldet, den (unterstellten) Opportunismus derer „da oben" niemals als Alibi für eigenen Opportunismus benutzt und ohne Rücksicht auf die nächste Beurteilung konstruktive Kritik äußert. *Mut ist ansteckend* – wie Feigheit leider auch. Wenn gute Beispiele Schule machen, werden immer weniger Bundeswehrangehörige offene Kritik als Beurteilungs- und Karriererisiko wahrnehmen. Jedem steht frei zu sagen: „Ich diene unserer Demokratie – und bin dabei streitbarer Demokrat!" Und jedem steht frei, danach auch im Alltag zu handeln und „die subversive Kraft der Zuversicht" gegen lähmende Strukturen freizulassen.[127] Was zunächst

---

te auf dem Zusammengehörigkeitsgefühl. Soldaten und Offiziere nannten sich beim Vornamen, und die Armee handelte nach dem Grundsatz, dass die Soldaten alles verstehen sollten, was die Armee von ihnen verlangte, und den Gründen für die Befehle zustimmen sollten. Das bedeutet nicht, dass es damals keine Disziplin gab, aber eben mehr Vernunft als ein blindes Befolgen von Befehlen." (Avi Primor, Nichts ist jemals vollendet. Die Autobiografie, Köln 2015, S. 70)

[127] Vgl. Bernd Ulrich, Die Krisen reiten, in: Die Zeit 35/2015.

wie ein Kampf gegen Windmühlen anmuten mag, kann mit der Zeit Kreise ziehen. Dass alles sowieso „nichts bringt" und jeder Versuch, sich aufzurichten, nur „aussichtslos rebellisches Sklaventum" gebäre, ist feiger Kleinglaube; mit Martin Buber halte ich dagegen: „Das einzige, was dem Menschen zum Verhängnis werden kann, ist der Glaube an das Verhängnis: er hält die Bewegung der Umkehr nieder."[128]

Historisch ist die Konkurrenz zwischen Athen und Sparta längst entschieden, hat doch nur eine der beiden antiken Stadtkulturen bis heute überlebt – die der politisch Nachdenklichen. Und das Staatswesen in Deutschland, das sich zuletzt auf Sparta berief, scheiterte kläglich am eigenen Jahrtausendanspruch, um Trümmer, Elend und Schuld zu hinterlassen.

V.   „Pfarrer, was mischst du dich ein?"

Das biblische Menschenbild wurde in der Inneren Führung als Bollwerk gegen den „unbedingten Gehorsam" stark gemacht, der unserem Land Verderben gebracht hatte. Gleichwohl ist unsere Staatsordnung *säkular*. Den Kirchen und allen anderen Religionsgemeinschaften kommt von vornherein keine politische Macht zu. Das ist gut so. Heute ist diese Grundentscheidung zur Säkularität integrationspolitisch von höchstem Belang. Der Säkularisie-

---

[128] Vgl. Buber, aaO, S. 55f.

rung verdanken wir wesentlich die bürgerlichen Freiheiten. Wieso vertrete ich dennoch ein energisches Sich-Einmischen der Kirche in gesellschaftliche Debatten, auch in Fragen militärischer Führungskultur?

Einen beachtenswerten Beitrag des evangelischen Christen und damaligen Verteidigungsministers Thomas de Maizière fand ich in der „Zeit" im Spätjahr 2012. De Maizière fragt hier nach der Berechtigung eines kirchlichen *„Wächteramtes"* in Gesellschaft und Politik:

„Gilt das heute auch unter den Bedingungen einer Demokratie? Im Nationalsozialismus und später auch in der DDR hatte die evangelische Kirche wahre Zerreißproben zu bestehen. Teilweise hat sie sich blenden und gleichschalten lassen, teilweise ist sie in den aktiven Widerstand gegangen. Teils hat sie ihre Tore geöffnet: ‚Macht hoch die Tür' – gerade in Leipzig. Wie sieht es aber heute – in Zeiten größter politischer und gesellschaftlicher Freiheit – aus? Wir leben in einem Rechtsstaat. Rechtsstaat und Gewaltenteilung bieten unseren Bürgern den wohl bestmöglichen Schutz – auch vor staatlicher Willkür – und die größtmögliche Chance zur Mitwirkung und Einmischung. Wozu dann noch ein Wächteramt der Kirche – und worüber? Wir haben die Grundrechte und das Bundesverfassungsgericht als Instanz, die darüber wacht, dass in unserer Gesellschaft die Grundrechte gewahrt werden. Und: Neben die Frage nach der Notwendigkeit eines Wächteramtes tritt wohl auch die Frage nach der

Legitimation. Mit welcher Legitimation kann Kirche heute überhaupt eine Wächterfunktion in der Demokratie wahrnehmen? Während der Gesetzgeber demokratisch legitimiert ist, so ist dies die Kirche nicht."[129]

Ich möchte antworten: Demokratie „ist" nicht einfach bzw. man „hat" sie nicht, sondern sie muss durch *gesellschaftliche Prozesse* immer wieder erneuert werden. Wie oft wurde wohl schon behauptet, ein Widerstandsrecht habe „in der famosen Gegenwart keine raison d'être mehr" – und wie oft führte dies zu bösem Erwachen?![130] Zwischen Gesetzeslage und Praxis können auch im eigentlich intakten demokratischen Rechtsstaat gefährliche Diskrepanzen entstehen, im Bereich der militärischen Führungskultur z. B. dort, wo hierarchische Abhängigkeiten die Prämisse des „Handelns aus Einsicht" unterlaufen und übersteuern. Hier droht, wie nicht selten in der Geschichte, eine gute Rechtsordnung „allein auf dem Wege der Macht zu Grunde" zu gehen.[131] Wo Bürger vermeintlich gesicherte Besitzstände nicht gebrauchen und zuweilen strapazieren, verkommt ein Staatswesen. Wie in jedem gesellschaft-

---

[129] Thomas de Maizière, Ministerrede: Kirche im Staat. Christsein entbindet uns nicht von Verfassungstreue. Aber wir haben ein Wächteramt, in: Die Zeit 46/2012.

[130] Vgl. Tomuschat, aaO, S. 69.

[131] Zitat aus dem Schreiben der „Göttinger Sieben" an den Hannoverschen Landesherrn von 1837; vgl. Albrecht Schöne, „Protestation des Gewissens": Die Göttinger Sieben im Widerstand gegen den Souverän, in: Albach, aaO, S. 9-26, hier: 12.

lichen Bereich muss auch innerhalb der Bundeswehr täglich neu erprobt werden, dass wir für ein fundamental anderes Menschenbild einstehen als die Taliban oder die Anhänger des „Islamischen Staates"; das ist nicht zuletzt unabdingbare Voraussetzung jeder – gegenüber den Soldaten, der deutschen Öffentlichkeit und den Menschen in den Einsatzländern – überzeugenden Begründung der Einsätze. Nötig ist dafür eine kritische Öffentlichkeit. Zu ihr tragen Voten der Kirche bei, die im Normalfall die Belange des *strukturell Schwächeren*, also des Einzelnen gegenüber dem hierarchischen System, fördern werden.[132]

Das „Wächteramt" der Kirche – ein zunächst anmaßend klingender Begriff! – verfügt über keinerlei exekutive Durchsetzungsgewalt, sondern allein über die *Kraft des öffentlich vorgebrachten Arguments*. Zu mehr als zum Argumentieren wäre Kirche allerdings nicht befugt, und vor klerikaler Besserwisserei in „weltlichen" Sachfragen sollte ein Pfar-

---

[132] Zurecht verlangt das Thesenpapier „Soldatinnen und Soldaten in christlicher Perspektive" von Soldaten, den Einsatz unter den jeweiligen politischen und militärischen Rahmenbedingungen vor ihrem Gewissen zu verantworten: „Dies gilt auch, wenn die Entscheidung für einen Einsatz der Bundeswehr in einem parlamentarisch-demokratischen Entscheidungsprozess zustande gekommen ist und für die Einzelnen andere Bezugskategorien wie die Zugehörigkeit zu einer militärischen Gruppe (Kohäsion durch Kameradschaft) oder Karrieregesichtspunkte (Auslandseinsatz als Bedingung für berufliche Förderung) wesentliche handlungsleitende Motive sein mögen." (These 15)

rer sich hüten. Gleichwohl ist Demokratie darauf angewiesen, dass „große" Themen öffentlich diskutiert werden und dass die Wahrung rechtsstaatlicher Verfahrensweisen im Konkreten öffentlicher Kontrolle unterliegt. Das kritische Agieren des kirchlichen „Wächters" bejaht die Demokratie aktiv und hat „staatsstabilisierende Funktion" – nicht im Beschönigen, sondern im Nutzen demokratischer Regeln und im tätigen Verneinen obrigkeitsstaatlicher Verhaltensmuster.[133]

Der Berliner Historiker Jörg Baberowski stellt fest: „Autonomie ist ein Luxus, den sich Menschen leisten können, die materiell und politisch unabhängig sind, oder solche, denen es egal ist, was andere über sie denken."[134] Dem lässt sich aus christlicher Perspektive hinzufügen: Wer sich vom Glauben her sieht, macht sich vom Urteil seiner Zeitgenossen unabhängig. Und das begünstigt zumindest autonomes Handeln in gesellschaftlichem und dienstlichem Rahmen. Die im biblischen Menschenbild eingeschlossene Erkenntnis, dass Fehler unvermeidbar sind und die Person nicht entwerten, unterstützt ein humanes Gesamtklima und erfolgreiches Fehlermanagement. So ist ein guter Vorge-

---

[133] Vgl. Wolf Krötke, Die Verantwortung der Kirche für den demokratischen Staat, in: Agnes Valyi Nagy (Hg.), Geschichtserfahrung und die Suche nach Gott. Die Geschichtstheologie Ervin Valyi Nagys, Stuttgart 2000, S. 215-224, hier: 222f.

[134] Jörg Baberowski, Gegen den Strom ist es eben anstrengender, in: FAZ vom 27. 6. 2015.

setzter im christlichen Horizont einer, der sich selbst als *unvollkommenen Menschen* annehmen kann – und daraus die Kraft gewinnt, die eigene Machtposition zu relativieren und mit Unterstellten fair umzugehen.

Militärseelsorge ist *auch* da, um durch Schuld belastete Soldaten zu trösten: „In dem Wissen, dass wir schuldig werden, dürfen wir Christinnen und Christen auf Gottes Vergebung hoffen und wissen uns in Gottes Hand gehalten." Denn fraglos bedeutet Soldat zu sein, besonders häufig in außergewöhnlichen Lagen handeln zu müssen.[135] Die Militärseelsorge soll aber nicht nur trösten und beruhigen, sondern – in Solidarität mit der besonderen ethischen Herausforderung des Soldatseins – ebenso anstoßen und provozieren, individuell stärken und in soziale Verantwortung rufen: Christliches Leben ist zugleich getröstet und beunruhigt, befreit und gebändigt.[136]

Das evangelische Menschenbild kritisiert eine falsche, das Gemeinwohl schädigende Loyalität, indem es fragt: *Wer darf mich fordern?* Die Perspektive der „Ewigkeit" lässt alltägliche Verbiegungen kritisch wahrnehmen und hilft, soldatisches Pflichtgefühl mit kritischem staatsbürgerlichen Denken zusammenzuführen. Primäre Pflicht des Soldaten ist nicht, was der Vorgesetzte befiehlt, sondern was

---

[135] Vgl. Soldatinnen und Soldaten in christlicher Perspektive, These 20.

[136] Vgl. Karl Barth, Das Glaubensbekenntnis der Kirche, Zürich 1967, S. 144.

der Gemeinschaft nützt. Besonders der zunehmenden Rolle der Bundeswehr als Aufsteigerorganisation wegen ist falscher Dankbarkeit und darin angelegter emotionaler Abhängigkeit vom System Militär zu entgegnen. Geförderte sollen nicht emotional ausgebeutet, sondern *ermutigt* werden, ist die Gemeinschaft doch auf Individuen angewiesen, die nicht buckeln und liebedienern, sondern sich selbstbewusst einbringen. Vollends ist der Perversion einer selbstentwertenden soldatischen Eigendefinition als „Verwendeter" zu entgegnen. Eine Reminiszenz preußischer Tugend ist angebracht:

„Herr, dazu hat Sie der König zum Stabsoffizier gemacht, dass Sie wissen müssen, wann Sie *nicht* zu gehorchen haben."[137]

Für die Bundeswehr gilt wie für unsere ganze Gesellschaft – und die Kirchen! –, dass Schaden „nicht durch das Aussprechen von Fehlern oder durch das Verlangen nach Aufklärung entsteht, sondern gerade durch das eigene Verschweigen und Verleugnen von Konflikten."[138] Die Essenz guter Führungskultur liegt in starken, konfliktfähigen Persönlichkeiten. Demokratie wird nicht durch

---

[137] Das Zitat wird unterschiedlichen Urhebern zugeschrieben, allesamt im Bereich der preußischen Militärtradition; die mir am plausibelsten scheinende Herleitung findet sich hier: http://www.deutsche-biographie.de/sfz17446.html

[138] Ingrid Ullmann, Vorwort, in: Edmund Käbisch, Das Fanal von Falkenstein. Eine Studie zur Zersetzung der Kirche durch die Stasi nach der Selbstverbrennung des Pfarrers Rolf Günther, Mönchengladbach ²2008, S. 9-11, hier: 9.

Anpassung, sondern durch *persönliche Risikobereitschaft* verteidigt, und individueller Lebenssinn fußt auf der Entschlossenheit, für sich selbst „Führung" zu übernehmen und sich nicht zum Opfer der Umstände zu erniedrigen. Diese Haltung zum eigenen Dasein schafft Berufszufriedenheit und beugt seelischen Erkrankungen vor. Wenn kirchliche Voten zu aufrechtem Gehen ermutigen, ist das praktizierte Nächstenliebe, denn ein gesundes Selbstverhältnis kann niemand beim Pfarrer oder Psychologen kaufen – es bedarf der persönlichen Courage. Ein pensionierter Stabsoffizier, erfahrener Bataillonskommandeur, schrieb mir, das Wichtigste sei, jungen Offizieren zu vermitteln, „dass Selbstvertrauen die Quelle ist für das Vertrauen zu anderen. Es ist Eure Welt, es ist Eure Zukunft, es ist Euer Leben. Uns hat man das seinerzeit auch ‚irgendwie' beigebracht. Die Sinnfrage kann man nicht oft genug stellen."

Wem an der Bundeswehr gelegen ist, der wird den Vorwurf, ein *„Nestbeschmutzer"* zu sein, nicht scheuen – schließlich wurde noch kein Nest durch Schönschweigen sauber. Was Hannah Arendt zum Patriotismus sagt, lässt sich auf die loyale Haltung zur Armee übertragen, nämlich, dass es ihn „ohne Opposition und ständige Kritik" nicht geben kann und Unrecht, von den eigenen Leuten begangen, „mich selbstverständlich mehr erregt" als Verfehlungen irgendwo anders.[139]

---

[139] Vgl. Hannah Arendt, Ich will verstehen, München 2005, S. 33.

Ein jeder frage sich in einer stillen Stunde selbst: *Wie sehe ich aus historischem Abstand aus?* Was ist meine eigene Rolle im Gefüge der Bundeswehr? Bin ich ein gut gedrillter, umstands- und urteilsloser Befehlsausführer, der wie in finsterster Vergangenheit immer nur „pariert", niemals durch sperrige Gedanken die Karriere gefährdet und den Dingen ihren Lauf lässt? Oder achte ich mich als einen Unbequemen, der zuweilen aneckt, aber womöglich Veränderungen anstößt, die allen nützen? Wem traue ich mich beizustehen, wem, ein Dorn im Auge zu sein? Zeigt mein Verhalten, dass ich der deutschen Demokratie innerlich verbunden bin? Jeder frage sich: Wie sehe ich aus historischem Abstand aus? Und will ich auch so aussehen?

Fürchte dich nicht!

Zum Autor:

Dr. theol. Klaus Beckmann, geboren 1967, Studium der evangelischen Theologie und Judaistik, Dissertation über das jüdisch-protestantische Verhältnis im 19. Jahrhundert. Gemeindepfarrer und Religionslehrer, Lehrbeauftragter für Kirchen- und Theologiegeschichte an der Universität Saarbrücken. Seit 2011 Militärseelsorger, derzeit Leiter des Evangelischen Militärpfarramtes Mayen. Zahlreiche Veröffentlichungen zu theologischen, politischen und historischen Themen.

Carola Hartmann Miles-Verlag

Politik, Gesellschaft, Militär

Uwe Hartmann, *Innere Führung. Erfolge und Defizite der Führungsphilosophie für die Bundeswehr,* Berlin 2007.

Hans Joachim Reeb, *Sicherheitskultur als kommunikative und pädagogische Herausforderung – Der Umgang in Politik, Medien und Gesellschaft,* Berlin 2011.

Hans-Christian Beck, Christian Singer (Hrsg.), *Entscheiden – Führen – Verantworten. Soldatsein im 21. Jahrhundert,* Berlin 2011.

Eberhard Birk, Winfried Heinemann, Sven Lange (Hrsg.), *Tradition für die Bundeswehr. Neue Aspekte einer alten Debatte,* Berlin 2012.

Angelika Dörfler-Dierken, *Führung in der Bundeswehr,* Berlin 2013.

Cornelia Fedtke, Kai-Uwe Hellmann, Jan Hörmann, *Migration und Militär. Zur Integration deutscher Soldaten mit Migrationshintergrund in der Bundeswehr,* Berlin 2013.

Wolf Graf von Baudissin, *Grundwert Frieden in Politik – Strategie – Führung von Streitkräften,* hrsg. von Claus von Rosen, Berlin 2014.

Wolf Graf von Baudissin, *Der Widerstand. „… um nie wieder in die auswegslose Lage zu geraten…",* hrsg. von Claus von Rosen, Berlin 2014.

Marcel Bohnert, Lukas J. Reitstetter (Hrsg.), *Armee im Aufbruch. Zur Gedankenwelt junger Offiziere in den Kampftruppen der Bundeswehr,* Berlin 2014.

Arjan Kozica, Kai Prüter, Hannes Wendroth (Hrsg.), *Unternehmen Bundeswehr? Theorie und Praxis (militärischer) Führung*, Berlin 2014.

Angelika Dörfler-Dierken, Robert Kramer, *Innere Führung in Zahlen. Streitkräftebefragung 2013*, Berlin 2014.

Eberhard Birk, Heiner Möllers (Hrsg.), *Luftwaffe und Luftkrieg*, Berlin 2015.

Phil C. Langer, Gerhard Kümmel (Hrsg.), *„Wir sind Bundeswehr." Wie viel Vielfalt benötigen/vertragen die Streitkräfte?*, Berlin 2015.

Jahrbuch Innere Führung

Uwe Hartmann, Claus von Rosen, Christian Walther (Hrsg.), *Jahrbuch Innere Führung 2009. Die Rückkehr des Soldatischen*, Eschede 2009.

Helmut R. Hammerich, Uwe Hartmann, Claus von Rosen (Hrsg.), *Jahrbuch Innere Führung 2010. Die Grenzen des Militärischen*, Berlin 2010.

Uwe Hartmann, Claus von Rosen, Christian Walther (Hrsg.), *Jahrbuch Innere Führung 2011. Ethik als geistige Rüstung für Soldaten*, Berlin 2011.

Uwe Hartmann, Claus von Rosen, Christian Walther (Hrsg.), *Jahrbuch Innere Führung 2012. Der Soldatenberuf zwischen gesellschaftlicher Integration und suis generis-Ansprüchen*, Berlin 2012.

Uwe Hartmann, Claus von Rosen (Hrsg.), *Jahrbuch Innere Führung 2013. Wissenschaften und ihre Relevanz für die Bundeswehr als Armee im Einsatz*, Berlin 2013.

Uwe Hartmann, Claus von Rosen (Hrsg.), *Jahrbuch Innere Führung 2014. Drohnen, Roboter und Cyborgs – Der Soldat im Angesicht neuer Militärtechnologien,* Berlin 2014.

Einsatzerfahrungen

Kay Kuhlen, *Um des lieben Friedens willen. Als Peacekeeper im Kosovo,* Eschede 2009.

Sascha Brinkmann, Joachim Hoppe (Hrsg.), *Generation Einsatz, Fallschirmjäger berichten ihre Erfahrungen aus Afghanistan,* Berlin 2010.

Artur Schwitalla, *Afghanistan, jetzt weiß ich erst… Gedanken aus meiner Zeit als Kommandeur des Provincial Reconstruction Team FEYZABAD,* Berlin 2010.

Uwe Hartmann, *War without Fighting? The Reintegration of Former Combatants in Afghanistan seen through the Lens of Strategic Thought,* Berlin 2014.

Rainer Buske, *KUNDUZ. Ein Erlebnisbericht über einen militärischen Einsatz der Bundeswehr in AFGHANISTAN im Jahre 2008,* Berlin 2015.

Standpunkte und Orientierungen

Daniel Giese, *Militärische Führung im Internetzeitalter – Die Bedeutung von Strategischer Kommunikation und Social Media für Entscheidungsprozesse, Organisationsstrukturen und Führerausbildung in der Bundeswehr,* Berlin 2014.

Dirk Freudenberg, *Auftragstaktik und Innere Führung. Feststellungen und Anmerkungen zur Frage nach Bedeutung und Verhältnis des inneren Gefüges und der*

Auftragstaktik unter den Bedingungen des Einsatzes der Deutschen Bundeswehr, Berlin 2014.

Uwe Hartmann (Hrsg.), *Lernen von Afghanistan. Innovative Mittel und Wege für Auslandseinsätze*, Berlin 2015.

Fouzieh Melanie Alamir, *Vernetzte Sicherheit – Quo Vadis?*, Berlin 2015.

Hartwig von Schubert, *Integrative Militärethik. Ethische Urteilsbildung in der militärischen Führung*, Berlin 2015.

Uwe Hartmann, *Hybrider Krieg als neue Bedrohung von Freiheit und Frieden. Zur Relevanz der Inneren Führung in Politik, Gesellschaft und Streitkräften*, Berlin 2015.

Erinnerungen

Blue Braun, *Erinnerungen an die Marine 1956–1996*, Berlin 2012.

Harald Volkmar Schlieder, *Kommando zurück!*, Berlin 2012.

Reinhart Lunderstädt, *Aus dem Leben eines Hochschullehrers. Persönlicher Bericht*, Berlin 2012.

Wulf Beeck, *Mit Überschall durch den Kalten Krieg. Mein Leben für die Marine*, Berlin 2013.

Jan Becker, *Aufgewühltes Wasser*, 3 Bde., Berlin 2014.

Klaus Grot, *So war's, damals. Dienstchronik eines Pionieroffiziers im Kalten Krieg 1954–1991*, Berlin 2014.

Gustav Lünenborg, *Bürger und Soldat. Innere Führung hautnah 1956–1993, 1993–2015*, Berlin 2015.

Monterey Studies

Uwe Hartmann, *Carl von Clausewitz and the Making of Modern Strategy*, Potsdam 2002.

Sven Lange, *Revolt against the West. A Comparison of the Current War on Terror with the Boxer Rebellion in 1900–01*, Berlin 2007.

Donald Abenheim, *Soldier and Politics Transformed*, Berlin 2007.

Michael G. Lux, *Innere Führung – A Superior Concept of Leadership?*, Berlin 2009.

Marc A. Walther, *HAMAS between Violence and Pragmatism*, Berlin 2010.

Frank Hagemann, *Strategy Making in the European Union*, Berlin 2010.

Ralf Hammerstein, *Deliberalization in Jordan: the Roles of Islamists and U.S.-EU Assistance in stalled Democratization*, Berlin 2011.

Ingo Wittmann, *Auftragstaktik,* Berlin 2012.

Michael Hanisch, *On German Foreign and Security Policy. Determinants of German Military Engagement in Africa since 2011,* Berlin 2015.

www.miles-verlag.jimdo.com